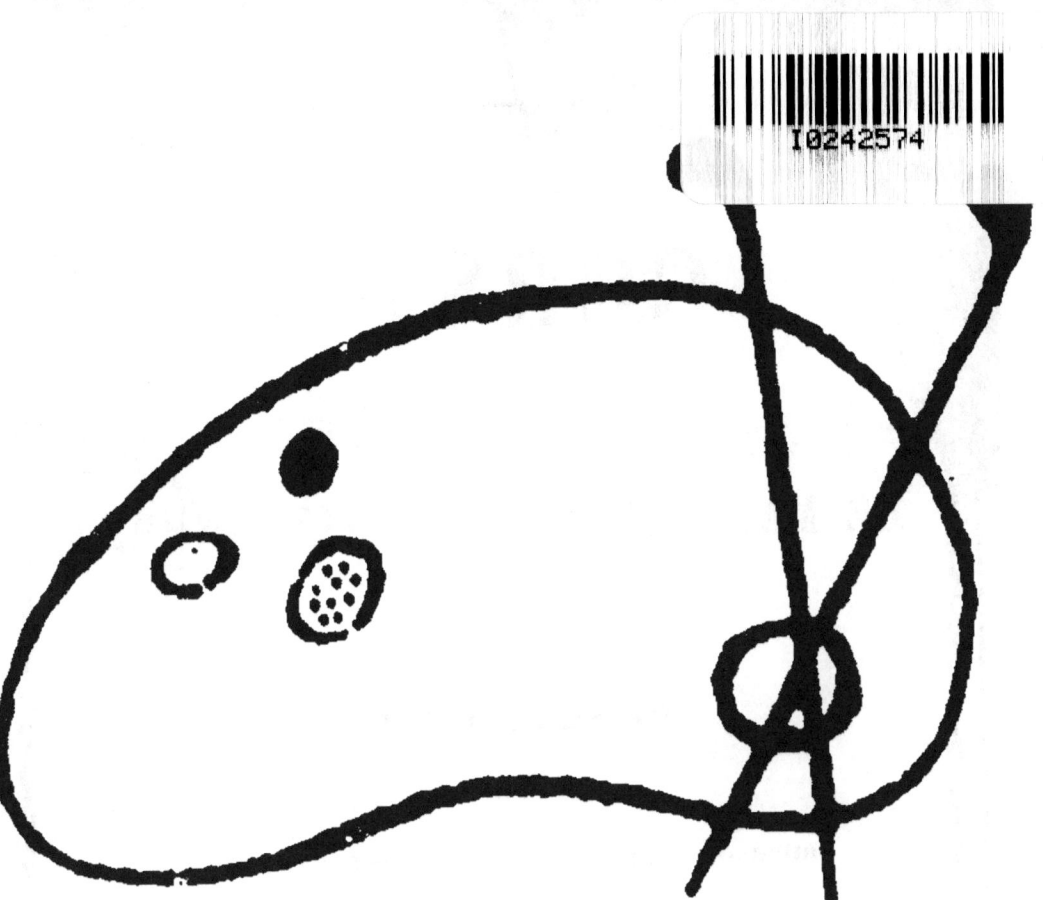

Début d'une série de documents en couleur

# GERSON

ou

## LE MANUSCRIT AUX ENLUMINURES

PAR

ERNEST FOUINET

OUVRAGE COURONNÉ PAR L'ACADÉMIE FRANÇAISE

TOURS

ALFRED MAME ET FILS

ÉDITEURS

## OUVRAGES DE LA MÊME COLLECTION
### FORMAT IN-12 — 1re ET 2e SÉRIE

Abrégé de tous les voyages autour du monde.
Alix, ou la Résignation.
Artisans célèbres (les).
Aventures de Robinson Crusoé, édition illustrée.
Aventures et Conquêtes de Fernand Cortez au Mexique.
Chanoine Schmid (œuvres choisies du), 1re série, contenant : Marie. — Rose de Tannebourg. — Le jeune Henri.
Chanoine Schmid (œuvres choisies du), 2e série, contenant : Geneviève. — la Veille de Noël. — Les œufs de Pâques.
Chanoine Schmid (œuvres choisies du), 3e série, contenant : Fernando. — Agnès. — Le Serin. — La Chapelle de la forêt.
Chanoine Schmid (œuvres choisies du), 4e série, contenant : Le Bon Fridolin. — Théodore. — La Guirlande de houblon.
Charles Ier et Olivier Cromwell.
Charles-Quint (histoire de).
Châtelaines de Roussillon (les).
Chevalerie (histoire de la).
Chevaliers de Malte (histoire des).
Conquête de Constantinople par les Latins (histoire de la).
Conquête de Grenade.
Croisades (histoire abrégée des).

Derniers jours de Pompéi (les).
Frère (le) et la Sœur, ou les Leçons de l'adversité.
Gerson, ou le Manuscrit aux enluminures.
Histoire naturelle des oiseaux, des reptiles et des poissons.
Ile des Cinq (l').
Jeunes ouvrières (les).
Marie, ou l'Ange de la terre.
Marie Stuart (histoire de).
Marguerite Robert.
Mes Prisons, ou Mémoires de Silvio Pellico.
Naufragés au Spitzberg (les), ou les salutaires Effets de la constance en Dieu.
Orpheline de Moscou (l'), ou la Jeune institutrice.
Paul et Virginie.
Pilote Willis (le), pour faire suite au Robinson Suisse.
Récits tirés de l'Ancien Testament, à l'usage des enfants.
Robinson Suisse (le), édition illustrée.
Rose et Joséphine, nouvelle historique.
Trois Mois de vacances.
Voyages en Abyssinie et en Nubie.
Voy. et Aventures de Lapérouse.
Voyages et découvertes des compagnons de Colomb.

## BIOGRAPHIES NATIONALES

Bayart (histoire de Pierre Terrail seigneur de).
Blanche de Castille (histoire de).
Bossuet (histoire de).
Charlemagne et son siècle.
Charles VIII.
Colbert.
Crillon (vie de).
Fénelon (histoire de), archevêque de Cambrai.
François de Lorraine (vie de).
Henri de Guise le Balafré.
Jeanne d'Arc.

Jeunesse du grand Condé (la).
Godefroi de Bouillon.
Louis XI (histoire de).
Louis XIII et Richelieu.
Louvois.
Maréchal de Vauban (le).
Montmorency (le connétable Anne de).
René d'Anjou.
Richelieu (le cardinal de).
Suger.
Sully et son temps.
Turenne (histoire de).

Tours. — Impr. Mame.

Fin d'une série de documents en couleur

# GERSON

1re ET 2e SÉRIE IN-12

PROPRIÉTÉ DES ÉDITEURS

Il se précipite sur le manuscrit, en arrache un feuillet et en fait mille lambeaux. (P. 30.)

# GERSON

OU LE

## MANUSCRIT AUX ENLUMINURES

PAR

ERNEST FOUINET

OUVRAGE COURONNÉ PAR L'ACADÉMIE FRANÇAISE

DIX-HUITIÈME ÉDITION

TOURS
ALFRED MAME ET FILS, ÉDITEURS

1890

Depuis que ce livre a été honoré du plus précieux suffrage, celui de l'Académie française, et aussi celui du public adolescent pour lequel il a été écrit, quelques observations relatives à la nature et à la forme de l'ouvrage sont venues inquiéter l'auteur en un point sur lequel il lui serait pénible de se sentir coupable. On s'est demandé si avoir placé Gerson, cet imposant personnage du xv⁰ siècle, dans une action imaginaire, fictive, ce n'avait point été enlever au vénérable chancelier de l'Église et de l'université de Paris quelque chose de la solennelle gravité de sa vie et du mâle intérêt qu'elle doit inspirer. L'auteur s'est interrogé religieusement pour savoir de sa conscience s'il mérite le reproche d'avoir rapetissé et amoindri la grande figure de Gerson, en la plaçant au milieu d'un cadre légèrement orné. Il pense que ce reproche, qui serait grave, il ne l'a point encouru. Il n'est aucun des détails de la vie officielle du chancelier, du prêtre ou de l'ambassadeur, qui ne soit scrupuleusement conservé ici dans sa vérité historique. Le riant et pieux tableau qui ouvre le livre, et qui pourrait être composé, a été tracé par Gerson lui-même dans une de ses œuvres mystiques où il raconte cette touchante scène de son enfance, les pathétiques circonstances de sa mort à Lyon au milieu des enfants, son frère nous les a conservées dans une lettre précieuse; et quant aux traits de la vie intime, de la vie de famille, que l'histoire ne nous a pas transmis, l'auteur pouvait avec assurance les tracer d'après ceux qui se trouvent ineffaçablement empreints dans des écrits tour à tour austères, poétiques, intrépides, affectueux, purs, pleins d'onction et de grâce. Ce n'était donc que des reflets qu'il fallait fixer avec soin pour compléter le portrait du chancelier et le faire vivre pour tous, pour les grands comme pour les petits, vers lesquels il descendit plus d'une fois des hauteurs de la théologie, de la politique et de la morale. Puisse le nom de Gerson, ce nom si saint, qu'il plane comme un transparent mystère sur le *Ama nesciri* de l'*Imitation*, devenir de plus en plus populaire par la lecture des pages qui suivent! Tel a toujours été le sincère vœu de l'auteur.

26 janvier 1844.

# INTRODUCTION

DE

## LA PREMIÈRE ÉDITION

---

« Venez à moi en toute confiance, venez à
« moi, nous ferons l'échange de nos biens spi-
« rituels : je vous donnerai la science, vous me
« donnerez la prière. Doux échange, embrasse-
« ment de pieuse grâce, ils nous consoleront
« dans les misères de l'époque présente. Nous
« prierons les uns pour les autres, et nous ré-
« jouirons nos anges. » Telles sont les douces
paroles qu'il y a plus de quatre siècles adres-
sait aux enfants l'illustre Gerson, chancelier
de l'Église et de l'université de Paris. Suaves
exhortations, elles étaient l'écho de celles de
Jésus disant : *Laissez les petits enfants venir à*

*moi*; et Gerson, à l'exemple de son maître, faisait descendre sur ces innocentes créatures les bénédictions les plus puissantes en leur enseignant à être bons, pieux, honnêtes à toute épreuve. Pour leur donner cette éducation salutaire, il n'avait qu'à vivre sous leurs yeux. Cette éloquente leçon de l'exemple que leur offrait sa vie de haute et courageuse vertu, nous avons espéré qu'il nous serait possible de la renouveler pour la génération actuelle, en essayant de ranimer Gerson et de le montrer grand et humble, savant et modeste, doux et fort; de le montrer tel qu'il fut aux enfants de nos jours.

Difficile résurrection des jours écoulés, quelque imparfaite que soit notre œuvre, elle aura du moins le bon résultat de faire voir et sentir partout la main de la Providence, qui n'abandonne jamais le monde, même à l'heure des plus rudes épreuves. Ces épreuves, la France en éprouva-t-elle jamais de plus amères que sous le déplorable règne de Charles VI? Eh bien, au milieu des hommes fous, égoïstes, ignorants, ambitieux, pervers, il sera consolant de voir un homme pur, honnête, éclairé, levant sa tête calme et sereine, comme un phare au milieu d'une mer troublée par plus d'une tempête. Phare admirable, immobile au milieu du danger, ainsi que le fanal dont aucune rafale ne peut atteindre la clarté qui sauve, il bravera tout pour faire son devoir, éclairer ces vagues qu'a soulevées l'orage, montrer le droit chemin et dire la vérité aux hommes.

Prêtre pieux, grand consolateur, à tel point que les générations saluent en lui l'auteur de l'*Imitation*; puissant médecin des *maladies de l'âme*, ainsi que le qualifie un de ses innombrables panégyristes, Gerson, dans un siècle où le clergé était frappé de plus d'une cause de discorde et de dissolution, brille comme l'astre précurseur de nos jours, où nous voyons l'Église si dégagée du siècle, si lumineuse, si grande par sa pureté. La peinture des époques mauvaises, et les rapprochements que de tels tableaux appellent à faire avec des temps plus beaux qui ont succédé, ont, ce nous semble, quelque chose d'utile, de salutaire, de bienfaisant pour l'âme, quelque chose qui console du passé et donne foi dans l'avenir : tel puisse être l'effet de la lecture de ce livre ! Il sera doux peut-être d'y suivre le cours de la vie de Gerson, coulant calme, toujours reflétant le ciel au milieu des écueils de la vie publique ou de ceux de la vie privée. Fleuve majestueux, il traversera, sans y prendre de souillures, les sombres événements de l'histoire; il versera, en passant, les fraîches eaux de la charité sur les cuisantes douleurs de la famille, et ira enfin, toujours plus transparent, toujours éclairé d'un reflet plus divin, se répandre, mais non se perdre dans l'océan de l'éternité. Remontons ses ondes magnifiques jusqu'à leur source ombreuse : voyons d'abord le grand homme enfant.

# GERSON

## I

### LA POMME

> Tant plus à Dieu demanderas, de tant plus tu auras; comme qui plus ouvre les fenêtres de sa chambre au soleil, de tant plus reçoit de sa lumière.
>
> *Traité du Mont de contemplation.*
> JEAN GERSON.

C'était en 1369, par une belle matinée du commencement d'octobre. Le soleil, si doux dans cette saison où la terre élève vers l'astre de transparentes brumes dont il se fait un voile, répandait avec effusion ses rayons les plus suaves sur un magnifique verger. Ces fruits qu'il avait caressés dans leurs blanches ou roses corolles, et que de jour en jour, en les imprégnant de faveurs exquises, il vêtit de pourpre et d'or, il semblait qu'il les aimât, tant il les regardait avec joie ; puis sans rien ôter de sa lumière à ses arbres chéris, lui qui est partout et pour tout comme Dieu, il entrait à flots de clartés par deux larges fenêtres ouvertes dans une grande chambre qu'il rendait radieuse comme le ciel.

Oui, comme le ciel. Il y avait là trois anges à la chevelure blonde, aux yeux bleus. Une petite fille nommée Marthe, âgée de quatre ans à peine, allait, venait, voletait, ainsi qu'un papillon, dans ces rayons si beaux, auxquels son jeune frère Nicolas présentait ses joues rondes et colorées comme les plus fraîches pommes du jardin, tandis que l'aîné de ces deux enfants, Jean, qui terminait sa cinquième année, assis au coin d'une des fenêtres, à l'ombre d'un chèvrefeuille, lisait attentivement dans un manuscrit dont les enluminures étincelaient au soleil.

Ces enfants n'étaient point seuls. Leur mère était là, tantôt les embrassant, tantôt rendant plus brillants encore sa huche, sa table, son bahut, ses chaises, meubles simples et rustiques, mais d'une éclatante propreté ; ou bien de temps à autre elle se tournait vers le foyer au fond duquel se préparait le repas de la famille, dont le chef était aux champs avec ses ouvriers.

Arnaud le Charlier, mari d'Élisabeth la Chardinière, que nous voyons au milieu de ses enfants, était un cultivateur assez aisé du hameau de Gerson, écarté du bourg de Barby, situé près de Rethel. Il avait naguère été plus riche qu'à l'époque où commence ce récit ; mais les troupes indisciplinées que l'on nommait les *grandes compagnies* ou les *tard-venus*, et qui vivaient aux dépens des habitants des campagnes dans le désordre et la licence, comme au milieu d'un pays livré au pillage, lui avaient enlevé une grande partie de ce qu'il avait su acquérir lentement et au prix de bien des fatigues.

Maître Arnaud aurait, ainsi que tous ses voisins, été ruiné par ces bandits, si le vaillant du Guesclin n'en eût débarrassé la France en les conduisant en Espagne pour combattre Pierre le Cruel. On n'était cependant point encore tout à fait tranquille en 1369, et l'on se disait avec terreur dans les veillées qu'un redoutable corps de tard-venus se répandait en Champagne et en Bourgogne. Les inquiétudes causées par la méchanceté des hommes sont plus cruelles cent fois dans les campagnes que dans les villes. Voir les belles fleurs s'épanouir en versant dans l'air les plus suaves parfums, entendre les joyeuses chansons des oiseaux ou l'imposant murmure du vent dans les bois, contempler Dieu partout dans l'herbe qui germe, dans le chêne balancé sur son tronc de cinq cents années, dans le soleil qui donne à la nature la splendeur et la vie, et penser qu'il est des hommes méchants, c'est affreux !

Voilà sans doute d'où venait qu'Arnaud avait l'air si triste en entrant ; mais à peine eut-il franchi le seuil de sa maison, que les rides disparurent de son front comme elles disparaissent de la surface d'un lac quand le vent s'apaise. Marthe, Nicolas, Jean, quittant jeux et manuscrit, se jetèrent tous trois à son cou, et le soleil faisait briller l'or de leurs blonds cheveux sous la noire chevelure de leur père.

Élisabeth attendit quelque temps son tour, et dès que le père de famille eut reçu de tous l'accueil de chaque jour, il prit place à la table, qu'il bénit, et dont les longs côtés furent bientôt occupés par sa femme, ses enfants et les serviteurs. Ils étaient assez bons et assez attachés à la famille pour mériter d'en être regardés comme une part. Élisabeth interrogea avec intérêt son mari sur l'état de leurs vignes et de leurs champs, et sur les soins à donner à la terre : conversation bien plus noble, bien plus digne de l'homme que nos vaines disputes. Les serviteurs s'entretinrent de leurs travaux et de nouveaux procédés dont maître Arnaud encourageait l'essai. Enfin les enfants, Jean, Marthe, Nicolas, s'enquirent de l'époque à laquelle se feraient les vendanges.

Satisfaits par une réponse qui leur montrait dans un avenir prochain cette riante solennité de l'automne, ils battirent des mains, et Jean ne montra pas moins de contentement que son frère et sa sœur.

« Tu as bien travaillé, je l'espère ! » demanda Arnaud à Jean en fixant sur lui un regard souriant qui semblait dire qu'il n'en doutait pas. Aussi Élisabeth avait-elle pris la parole, comme une mère fière de son enfant, avant que le savant eût pu répondre à son père :

« Oh ! oui, j'ai bien lu. Messire Anselme sera content de moi ce soir. J'ai eu grand soin de son beau livre.

— Tant mieux ! tant mieux ! très bien ! Dans quelques années tu iras au collège de Reims, et puis messire a dit qu'il te ferait avoir une bourse au collège de Navarre, à Paris, si tu continuais de travailler. »

Les yeux de Jean, s'animant de plus en

plus, prenaient l'expression du bonheur, et il allait s'écrier : « Que je serai content! » s'il n'eût aperçu deux grosses larmes sur les joues de sa mère. Elle ne pensait, elle, qu'au chagrin de la séparation. Aussi Jean, qui était aussi bon que studieux, et avait autant de tendresse que d'intelligence, courut-il l'embrasser ; son frère, sa sœur, l'imitèrent, et l'émotion de la bonne mère se calma : elle voyait tous ses enfants autour d'elle.

Le repas était presque terminé, et le soleil, penchant vers son déclin, dardait ses rayons d'or bruni à travers la vigoureuse verdure des arbres fruitiers. Une pomme magnifique, moitié blanche, moitié pourpre, formait un harmonieux contraste avec le feuillage foncé, et depuis quelques minutes Nicolas, le plus jeune des trois enfants, la contemplait du coin de l'œil sur l'arbre, si voisin, que le fruit était plus séduisant encore.

« Je voudrais bien avoir cette pomme-là. Voyez comme elle est belle! »

Le pieux chef de cette famille, voulant imprimer en traits ineffaçables dans le cœur de ses enfants un profond sentiment de reconnaissance envers le Dieu qui donne toutes choses, ne satisfaisait jamais à leurs demandes avant qu'ils les eussent d'abord adressées au Créateur. Aussi Arnaud dit-il à Nicolas : « Cette pomme, mon enfant, tu voudrais l'avoir. Elle n'est pas à nous, mais à Dieu, qui l'a faite. Il faut prier pour qu'il te la donne, le prier de tout ton cœur, entends-tu ? »

Alors Nicolas de tomber à genoux devant la fenêtre, les deux mains jointes; Marthe de faire comme lui, et Jean de suivre le mouvement de sa sœur. Élisabeth, pour les récompenser de leur piété fervente, allait sortir et rapporter le fruit si désiré, quand tout à coup voilà qu'il vient rouler entre les genoux des enfants, tout comme s'il descendait du ciel. On eût dit que la Divinité voulait s'associer à la pieuse pensée d'Arnaud. Le vent du soir, qui s'élevait alors, avait détaché de la branche la pomme, arrivée à maturité. Arnaud vit cet effet tout naturel, et n'en fut point étonné ; mais Marthe, Nicolas et Jean, dans une sainte joie, n'osaient toucher ce fruit, venu comme par miracle.

« Voyez-vous, voyez-vous, leur dit Élisabeth, comme Dieu envoie tout à ceux qui le prient! »

Quand Nicolas ne craignit plus de porter

la main sur la pomme merveilleuse, il la donna à sa mère pour qu'elle en fît trois parts, et chacun reçut la sienne avec un vif sentiment de reconnaissance et de respect : c'était une véritable communion. Riante leçon de prière et d'amour ! aucun d'eux ne l'oublia ; car ces premières impressions ont une fraîcheur que rien n'altère ; et Jean se rappelait cette belle soirée lorsque, devenu grand homme, tel que nous le montrera ce récit, il écrivait un jour de sa vieillesse les lignes qui servent d'épigraphe à ce chapitre.

## II

### L'IMAGE

> Et l'on portait de toutes parts à Jésus des enfants pour qu'il les touchât, et ses disciples repoussaient les personnes qui les présentaient.
> Mais Jésus, voyant cela, leur dit : *Laissez venir à moi les petits enfants, car à tel qu'eux appartient le royaume des cieux.*
> Et il les prit dans ses bras, leur imposa les mains et les bénit.
> *Évangile selon S. Marc, ch. x.*

Lorsque Arnaud rentrait chez lui la mine triste et soucieuse, ce n'était pas sans motif, nous l'avions supposé. Une troupe nombreuse de tard-venus se répandait dans la contrée, et en visitant ses champs il venait d'apprendre qu'on avait vu du côté de Reims quelques détachements de ces pillards. On devait donc craindre d'être attaqué par eux à l'improviste, et cette pensée était d'autant plus cruelle pour maître Arnaud, qu'il ne voulait point, en la trahissant, faire partager ses inquiétudes à sa femme.

Élisabeth était en ce moment si tranquille, si heureuse entre ses trois enfants et leurs camarades de voisinage ! Parmi eux se trouvait Marie, petite fille de trois à quatre ans, pauvre orpheline dès le berceau, et dont une excellente femme du pays, la Guyote, avait voulu se charger, bien qu'elle ne fût pas riche et qu'elle eût bien juste de quoi nourrir elle et son fils Marcel; mais, sachant ce que c'était que le malheur, elle en avait d'autant plus pitié. « De deux parts nous en ferons trois, » avait-elle dit en serrant dans ses bras Marie, âgée de six mois à peine alors, et elle l'aimait comme on aime un être à qui on fait du bien. Chacun avait pour elle autant d'affection que la Guyote, et, ce soir-là, la plus jolie tête blonde et rose qui s'avançait pour regarder de plus près les enluminures du manuscrit que montrait messire Anselme, c'était la tête de la sœur adoptive de Marcel.

Messire Anselme, curé de la paroisse du Barby, prêtre à la fois indulgent et austère, avait plus d'instruction que n'en possédaient à cette époque les membres du clergé inférieur. Sa piété conciliante, jointe à son savoir, lui avait valu depuis longtemps l'offre de fonctions plus importantes; mais, humble et modeste, il s'était toujours refusé à quitter son village, son clocher, son petit presbytère, et surtout les habitants, qui l'aimaient à l'envi.

Comment n'eût-il pas été le centre de leurs affections, de même que l'église était le centre de leurs prières? Jamais il ne mettait le pied sur le seuil de leurs maisons sans y répandre tous ses bienfaits : l'aumône chez les pauvres; les consolations, aumône des bons cœurs, chez les souffrants et les affligés; les conseils salutaires et l'instruction parmi les enfants; et cette instruction, ces conseils entraient en souriant dans ces jeunes esprits, au milieu de récits qui les intéressaient ou les amusaient; car messire Anselme était doué de cette gaieté douce que donne la conscience paisible. Au lieu d'ajouter, comme il eût été bien capable de le faire par ses talents, de nouveaux écrits à ceux qui paraissaient chaque jour, il consacrait ses heures de pieux loisirs à composer pour les enfants de sa paroisse de petits livres où la morale leur parlait comme une mère, en souriant, et d'une voix toujours aimable. C'est dans ces livres qu'il enseignait à lire aux uns; puis il les donnait à copier aux autres, pour leur apprendre à écrire; et un homme qui savait lire et écrire était en ce temps-là un savant.

Au talent d'écrivain Anselme joignait dans la perfection l'art de l'*imagier enlumineur*. Un Nouveau Testament tout entier copié de sa main avait été orné d'enluminures exquises, où l'or, l'azur, le carmin, étincelaient comme les plus vives couleurs des vitraux qu'éclaire le soleil. C'est ce livre que nous avons entrevu tantôt entre les mains de Jean, et que nous revoyons ce soir sur la table entourée des enfants de la famille et de tout le hameau. Messire Anselme leur faisait voir les images resplendissantes de son manuscrit, le ciel bleu semé d'étoiles d'argent, le rayon d'or tracé par le vol d'un ange, l'auréole de Jésus et des apôtres; et, toutes les fois que ces splendeurs venaient à briller sous la lueur agitée de la lampe, les petits spectateurs, en poussant un seul cri d'admiration et se rapprochant, pressaient de toutes parts le bon messire Anselme, au point de l'étouffer et de lui monter en quelque sorte sur les épaules. « Retirez-vous donc, enfants, » leur disaient alors Élisabeth et Arnaud ; mais Anselme, d'une voix pleine de tendresse et de bonté :

« Laissez, laissez venir à moi les petits enfants.

— C'est ce qui est écrit au-dessus de l'image, Messire, s'écria Jean.

— J'allais le dire, reprit Anselme. Oui, telle fut la touchante parole du Seigneur à ses disciples lorsqu'ils voulaient éloigner de lui les enfants qu'on lui amenait pour qu'il les bénît. » Alors, en leur racontant cette histoire, il leur expliquait la charmante peinture qu'il en avait faite.

Au milieu d'un paysage de la Judée, sur un horizon éblouissant que bornaient quelques hauts palmiers et les murailles d'une ville, se détachait le groupe des disciples, vêtus de manteaux d'un bleu et d'un pourpre éclatant ; et, au milieu d'eux, Jésus, le front couronné d'un nimbe radieux, s'élevait, étendant ses mains pleines de bénédictions. Dans ses yeux et sur ses lèvres on voyait, pour ainsi dire, de divines et consolantes paroles : c'est que les mères, venues en foule de la ville, lui présentaient leurs enfants malades, quant à ceux qui étaient bien portants, elles les avaient amenés pour qu'ils pussent se dire avec joie toute leur vie : « J'ai vu le Fils de Dieu. »

L'expression que messire Anselme avait donnée à la figure de Jésus faisait comprendre la pensée de ses disciples et de ses adorateurs.

Comme il disait avec onction : « Laissez venir à moi les petits enfants ! » Oui, à voir ses regards pleins de grâce divine lorsqu'il posait ses mains sur toutes les petites têtes pressées autour de lui, on portait envie à ses anges.

Aussi avec quel intérêt Jean, Nicolas et Marthe contemplaient cette image ! On comprendra mieux encore leur empressement à admirer ce petit tableau, lorsqu'on saura que messire Anselme les avait pris pour modèles. Ces enfants bénis de Dieu étaient leurs portraits exacts, parfaitement ressemblants en tout, jusqu'au costume. Du bonheur de figurer dans ces saintes peintures, bonheur que chacun désirait ardemment, Anselme avait fait une récompense pour les plus sages ou les plus studieux, et nous pouvons proclamer, à la gloire du hameau de Gerson, que tous les enfants y avaient pris place à leur tour.

Tous, hormis un seul, le fils de la Guyote, Marcel, qui jamais ne rechercha, jamais par conséquent ne mérita cette récompense. Il avait cependant trois ans de plus que le fils aîné d'Arnaud; mais il savait à peine lire, encore bien moins écrire, et toutes les instances de messire Anselme pour le décider à apprendre, il les avait repoussées rudement. Quoi! dites-vous, ses parents n'usèrent donc point de leur autorité? Hélas! Marcel n'avait plus que sa mère, envers laquelle il se montrait sans le moindre respect; et quant à son père, il eut le malheur de le perdre étant tout enfant encore.

Aucune volonté ne fut donc assez forte pour combattre les mauvais penchants de Marcel. Il était méchant, envieux, colère, et ce soir même, pendant que les joyeux camarades s'admiraient dans les images, il se tenait loin d'eux, au fond de la chambre, l'air morose, irrité, s'abandonnant aux accès d'une jalousie indomptable. De quoi pouvait-il être jaloux? S'il n'avait pas su se rendre digne de servir de modèle, la faute n'en était-elle point tout entière à lui? Mais peut-on être juste quand on est méchant?

Ce n'est pas seulement par une muette bouderie que se trahissait sa mauvaise humeur; des mouvements de colère lui échappaient de temps à autre, et Marie, sa petite amie Marie, qu'il aimait pourtant, l'ayant entendu ainsi gronder, avait quitté sa place au spectacle du manuscrit pour venir près de Marcel, et tâcher de le consoler, de l'apaiser.

« Dites donc, dites donc, Messire, s'écrièrent en ce moment les autres enfants. Voilà Jean, n'est-ce pas? — N'est-ce pas que celle-là, c'est Alix? — Et celle-ci, Marthe? — Et puis toi, Marie. — Marie, viens donc voir! Mais pourquoi Marcel n'est-il pas là? Marcel, es-tu quelque part dans le livre? »

A ces mots, la fureur de Marcel ne connaît plus de bornes. Il écume de rage, se lève d'un bond, jette de côté Marie, qui veut l'arrêter, écarte tout ce qui lui fait obstacle, se précipite sur le manuscrit, en arrache un feuillet et en fait mille lambeaux.

« O mon Dieu! s'écrièrent tous les enfants en sautant en arrière avec épouvante; et ils faisaient en même temps le signe de la croix; ô mon Dieu! »

Il ne restait plus de la pieuse peinture que le haut de la page, un petit coin de l'azur du ciel et l'inscription que Jean venait de lire tout à l'heure.

« O Marcel! ô Marcel! » lui dit Marie d'un ton de douloureux reproche.

L'effroi qui avait saisi les enfants à la vue

de cette action sacrilége s'était emparé des grandes personnes.

« Malheureux enfant, s'écria Élisabeth, que ta pauvre mère est à plaindre!

— Tant pis! » voilà tout ce que répondit Marcel avec fureur, ajoutant ainsi le crime au crime. Aussi messire Anselme prit-il sur-le-champ une plume dans le cornet d'encre qu'il portait à sa ceinture, et, d'une main tremblante, il écrivit en gros caractères sur le débris du feuillet déchiré et au-dessous de l'inscription tirée de l'Évangile :

« L'enfant qui outrage sa mère et insulte
« à l'image de Dieu, quelle sera sa vie et
« sa mort? »

## III

### LE COLLÈGE DE NAVARRE

> Maison de paix et de calme.
> CLÉMANGIS.

La profanation qui venait de s'accomplir termina bien tristement la soirée, où quelques moments auparavant chacun était si heureux et si tranquille; bientôt aussi les terreurs de la contrée relativement aux bandes des tard-venus se dissipèrent entièrement. Maître Arnaud put donc travailler en toute sécurité pour amasser l'argent nécessaire à l'entretien de Jean dans le collège de Reims; car le moment de l'y placer arrivait rapidement, grâce aux progrès qu'il faisait sous la direction de messire Anselme. Enfin, le lendemain du jour où il accomplit sa dixième année, il fallut prendre un parti, à la grande douleur de sa mère, de ses frères, de Marthe et de ses autres sœurs, et il quitta la douce et caressante maison paternelle. Il y eut bien des adieux de prononcés à travers les larmes, bien des pleurs versés de part et d'autre, et ils ne cessèrent de couler si abondamment que lorsque messire Anselme eut dit à toute la famille : « Courage ! du courage ! va-t-il donc si loin ? Dans une demi-journée nous l'irons voir ; il viendra nous embrasser aux grandes fêtes, aux vacances. Que sera-ce donc quand...? »

Il s'arrêta. Il allait parler du temps où il faudrait que Jean se rendît à Paris pour achever ses études ; mais il regarda Élisabeth, et la vit si désolée, qu'il ne voulut pas lui montrer dans l'avenir une séparation plus grande encore.

Enfin Jean entra au collège de Reims, où, ainsi que messire Anselme l'avait prédit, il occupa dans toutes ses classes, et constamment, la place la plus élevée. Il ne songeait qu'à obtenir des succès pour consoler sa mère ; et sous cette bonne inspiration il réussit toujours. Sûr d'avoir bien travaillé et de faire la joie de ses parents, il venait à Gerson avec d'autant plus de bonheur. Il jouissait complètement du plaisir, parce qu'il avait entièrement satisfait à son devoir. Ainsi, par les intervalles de travaux, de congés, de vacances passées dans la famille, Jean le Charlier atteignit sa quatorzième année, et messire Anselme se mit en devoir d'obtenir pour lui une bourse dans le collège fondé à Paris, il y avait soixante-dix ans, par la reine Jeanne de Navarre. Cette faveur lui fut facilement accordée.

« Mon Dieu! mon Dieu! s'écria Élisabeth en apprenant cette nouvelle, encore une séparation! Ai-je besoin que Jean ait plus de savoir? Cela me rendra-t-il plus heureuse, et ne l'aimerais-je pas autant s'il restait au milieu de nous tous à cultiver nos campagnes? »

Hé! sans doute il eût été plus heureux lui-même de rester aux champs; mais il est des hommes en qui Dieu a déposé des facultés précieuses pour le bien de leurs semblables, et ils doivent marcher dans la voie que Dieu leur a tracée. A l'époque où nous nous plaçons, les vices semés dans la foule se développaient comme des plantes impures croissent sur la fange : les ténèbres sont si favorables à la corruption! Tout était perdu si de vives et purifiantes lumières, prises au flambeau de saintes études, n'éclairaient et ne dissipaient ce chaos. Or messire Anselme avait vu dans le jeune le Charlier une de ces clartés naissantes, un instrument de la Providence ; et il voulait venir en aide à l'accomplissement de ses desseins. C'est ce qu'il expliqua à la femme d'Arnaud en lui faisant connaître les espérances que Jean lui inspirait. Alors un éclair, reflet d'un sentiment de bien légitime orgueil, brilla sous les larmes dans les yeux d'Élisabeth. Elle avait parfaitement compris messire Anselme ; car elle était d'une nature distinguée, et son fils nous a donné l'assurance qu'elle écrivait des lettres dignes de la mère de saint Augustin.

C'est en promettant de telles lettres à Jean, en lui faisant prendre l'engagement de lui écrire aussi toutes les semaines, jusqu'aux prochaines vacances qu'elle consentit enfin à détacher ses bras du cou de son fils ; et il partit avec messire Anselme, qui voulait le conduire à Paris pour le recommander lui-même à tous ses amis de l'université. Arnaud, Élisabeth et leurs nombreux enfants, soit à pied, soit sur les bras de leur père et de leur mère avaient accompagné Jean jusqu'aux portes de Rethel, et ils y restèrent longtemps immobiles, tant qu'ils purent distinguer la mule qui portait maître Anselme et son élève en croupe.

Jean, de son côté, ne cessa qu'au dernier moment de contempler cette bien-aimée famille, et de répondre au geste d'adieu par des regards d'amour, par des cris *au revoir! au revoir!* comme s'ils pouvaient être entendus de si loin; puis, arrivé sur le sommet d'une côte, à huit kilomètres environ de Rethel, il pria messire Anselme de s'arrêter et de lui permettre de regarder derrière lui. On voyait à merveille la pointe du clocher perçant le petit bois qui couvre le village. Jean ne pouvait en détacher son regard, et il croyait toujours voir sur le chemin son père et sa mère.

Messire Anselme comprit bien l'émotion de Jean, et y applaudit, car elle prouvait la bonté de son cœur; mais les adieux avaient été longs, le jour avançait, et ce n'était qu'à Reims que devaient coucher les voyageurs. Du haut de la montagne on voyait à l'horizon les grosses tours carrées de la vieille métropole, et Anselme, les montrant à son jeune compagnon :

« C'est là qu'il nous faut arriver avant la nuit. » Et pour lui abréger la route il lui rappelait tous les grands souvenirs qui planent sur ce monument vénérable, antique chapelle baptismale de tant de rois ; car le sacre était le baptême de la royauté. Procession imposante de princes portant la couronne, le sceptre et la main de justice, commençant à Clovis et finissant à Charles V ; il lui montrait ce cortège solennel, défilant sous les hautes tours de Reims, au son des cloches en grande volée. C'était un beau spectacle offert à son imagination ; mais d'autres pensées l'occupaient, et lorsque messire Anselme eut achevé :

« Et ma mère, dit Jean, ma mère ! que fait-elle à cette heure ? »

Anselme ne crut pas devoir le troubler davantage dans ces tendres réflexions : il est si doux et si bon de voir un enfant aimer et regretter sa famille ! Le voyage continua donc silencieusement, et, quoique la mule allât d'un assez bon pas, les tours de Saint-Remi semblaient toujours à la même distance. L'Angélus sonnait, la nuit était presque entièrement venue, quand Anselme et Jean entrèrent enfin dans la ville, et le lendemain, dès l'aube, ils étaient sur leur monture, se dirigeant vers Soissons. Les objets nouveaux qui frappèrent sans cesse la vue de Jean éloignèrent ce jour-là de son esprit presque toute pensée triste, et il ne laissait pas de questionner son guide sur tous les lieux qu'ils traversaient. Il fallait qu'il sût les noms des villes, des bourgs, des hameaux, des bois, des rivières, jusqu'au moindre ruisseau. Il voulait connaître sa route en tous ses détails. C'est ainsi que dans le cours de ses études il ne souffrit jamais qu'aucun mot, aucune phrase, aucune pensée, entrassent dans sa mémoire sans qu'il les comprît bien nettement.

Ils passèrent la seconde nuit du voyage à Soissons, la troisième à Dammartin, et vers la fin du quatrième jour ils entrèrent dans Paris par la nouvelle porte Saint-Martin, flanquée de ses quatre bastions récemment construits. Ils avaient à peine traversé les deux arches du ponceau (petit pont) de pierre qui s'élevait au-dessus des fossés profonds et remplis d'eaux, lorsque le pont-levis se dressa derrière eux. La capitale fortifiée, et elle avait grand besoin de l'être à ces époques de troubles, la capitale venait de fermer ses portes. Les Parisiens étaient tout à fait chez eux, comme de bons bourgeois qui ont tiré leurs verrous.

Pour aller de la porte Saint-Martin au collège de Navarre, sur la montagne Sainte-

Geneviève, il fallait traverser entièrement Paris, et cela au risque d'être pillé ou égorgé dans ses étroites et ténébreuses rues, à la place desquelles nous voyons aujourd'hui des rues spacieuses, illuminées toute la nuit, aussi bien protégées, pour le moins, par la clarté que par les patrouilles. Il n'en était point ainsi alors, et la ville devenait à la nuit tombante une forêt de brigands. Anselme fut donc d'avis de coucher encore une fois dans un *ostel*, et ce fut maître Dreux de Dammartin qui l'hébergea.

Le lendemain, nos voyageurs se mirent en route dès le matin, et arrivèrent à neuf heures au collège de Navarre. Là, après avoir admiré, aux deux coins du portail, les statues des fondateurs, Jeanne de Navarre et Philippe le Bel, ils se présentèrent chez le grand maître, puis chez un des élèves les plus distingués de la faculté de théologie, le célèbre Pierre d'Ailly. Ce savant ecclésiastique, ce diplomate illustre fut par la suite décoré de toutes les dignités de l'Église, de la cour, de l'université ; mais sa plus grande gloire fut d'avoir été le professeur de Jean.

Comme on était dans les premiers jours de la rentrée des classes, le grand maître permit que le nouveau venu ne se mît au travail que deux jours après son arrivée. Messire Anselme, qui devait partir le lendemain, le présenta donc à quelques-uns de ses amis, dans divers quartiers de la ville. Il connaissait entre autres le chapelain du palais Saint-Paul, construit par le roi régnant; et comme Charles V était alors à Vincennes, les visiteurs purent à loisir se promener dans les jardins de ce palais et dans ses cours si vastes, qu'on y pouvait donner des joutes. Le chapelain les conduisit aussi dans la *chambre au gîte* du roi, où resplendissait un lit de drap d'or, et dont le plancher était orné de fleurs de lis d'étain doré. La chambre des tourterelles et la volière intéressèrent vivement le jeune visiteur; il avait vu de ces oiseaux dans les bois de Barby, et leurs chants lui rappelaient le pays de sa mère. Ce ne fut pas un sentiment si doux, mais une émotion de terreur qu'il éprouva en entendant rugir les grands et les petits lions dans leur double ménagerie.

En sortant du palais Saint-Paul, nos voyageurs allèrent visiter les huit tours de la Bastille, qui protégeait le séjour royal contre les attaques fréquentes des ducs de Bourgogne; puis, au lieu de retourner par l'intérieur de la ville au collège de Navarre, ils longèrent l'enceinte fortifiée, qui était entièrement terminée à la porte Saint-Martin, comme nous l'avons vu, mais à laquelle on travaillait encore activement à l'est. Anselme lui fit remarquer, chemin faisant, que cette ceinture de fossés et de murailles était la quatrième que la ville rompait depuis Jules César, pour s'étendre plus à l'aise dans la campagne.

Ainsi causant et se rappelant les vieux souvenirs de l'histoire, ils arrivèrent avant l'heure du souper au collège de Navarre. Pierre d'Ailly demanda et obtint la permission de ne point prendre ce soir-là son repas à la table commune, afin de pouvoir traiter, dans la chambre à laquelle avait droit tout théologien, messire Anselme et Jean le Charlier; puis, comme deux chambres voisines étaient vacantes, on leur y prépara à coucher. On dispensait pour cette nuit le nouvel élève de prendre son sommeil en commun dans le dortoir.

Anselme avait recommandé aux serviteurs du collège de l'appeler de bonne heure, afin qu'il pût de même se mettre en route. Jean aurait pu s'acquitter de cette commission mieux que tout autre, car il se réveilla bien des fois, toujours en croyant qu'il embrassait son guide et lui disait adieu; mais se séparer d'Anselme, la dernière personne à qui il pût parler de tout ce qu'il aimait, ce devait être un moment bien cruel, et il n'avait pas le courage de le hâter. Le jour paraissait cependant, Jean hésitait, lorsqu'une voix retentit au dehors, dans une longue et sonore galerie :

« Messire, voilà six heures ! »

Anselme se jeta à bas du lit, et, dès qu'il fut prêt, il appela Jean. « Allons, mon enfant, je vais te dire *au revoir!* J'entends ma mule qui s'impatiente dans la cour. Allons, sois laborieux, comme toujours; n'oublie jamais ce que tu m'as promis, ce que tu t'es promis à toi-même; il faut que tu deviennes un homme digne d'être nommé. Sois humble; en priant Dieu, pense toujours à ton père, à ta mère, à ton bon maître; toutes ces pensées-là doivent aller ensemble. Eh bien !... Allons donc, sois homme ! ne pleure pas ! du courage ! »

Muet, suffoqué par les larmes, Jean ne put que s'élancer au cou de messire Anselme; et enfin, retrouvant à demi une parole étouffée : « Embrassez-les bien... tous... pour moi.

— Oui, tous, sois tranquille, » répondit avec émotion Anselme; puis, ouvrant son coffre de voyage : « Prends ce livre, lui dit-il, et lis-en chaque jour quelques pages, comme tu faisais à Gerson... Adieu, mon enfant, au revoir! »

Jean conduisit jusqu'au grand portail messire Anselme, qui avait déjà enfourché sa calme monture; et enfin les deux battants, depuis longtemps ouverts, retombèrent lourdement entre Jean et son premier maître. Cette fois, bien décidément séparé de tout ce qu'il aimait ici-bas, Jean resta immobile à écouter les pas de la mule qui s'éloignait; et ce n'est que lorsqu'il ne les entendit plus que, pour se consoler, il ouvrit le livre, don précieux d'Anselme.

O surprise! c'était son Nouveau Testament, enrichi de si belles enluminures!

# IV

## GERSON

> L'université, l'autre mère qui m'a nourri dès mon enfance.
> GERSON.

Le recteur du collège, Pierre d'Ailly, un des chapelains, toutes les personnes enfin à qui Anselme avait recommandé Jean le Charlier, le consolèrent à l'envi. Après un court examen de ce qu'il pouvait faire, il fut reconnu capable d'entrer, sans passer par les écoles des *grammairiens*, dans la faculté des arts, et dès le jour même, 4 novembre 1377, il fut admis au nombre des *artiens*. Messire Anselme, qui connaissait la règle de la maison, lui avait fait couper les cheveux entièrement ras, et le tailleur, le *couturier* du bourg, s'était signalé en lui préparant de son mieux un costume tout noir, ou du moins d'une couleur unie et foncée.

Après le travail du jour et le souper, on le conduisit dans le dortoir pour lui montrer son lit, puis dans la vaste cour plantée où jouaient les élèves de la faculté des arts; car les grammairiens avaient une cour à part, de même que les théologiens. Ainsi Jean connaissait déjà son cabinet d'étude, sa chambre à coucher, sa salle à manger, sa promenade : tout cela commun à environ quarante écoliers de son âge.

Comme la tranquillité, presque le silence, même au milieu des jeux les plus animés, était d'obligation dans cette maison, bien nommée *maison de calme et de paix*, il ne fut point trop harcelé par les anciens; ou si, pendant la récréation, quelques-uns essayèrent de le taquiner dans un latin plus ou moins farci de barbarismes et de solécismes, — car on ne devait parler que latin à Navarre, — il reçut les plaisanteries avec une modération qui déconcerta les moqueurs et bientôt les fit taire. Ils s'étaient attendus à l'entendre débiter, comme tous les nouveaux venus, le patois le plus attentatoire au rudiment; mais, habitué à converser en latin avec Anselme, il avait acquis un langage facile et élégant qui les interdit; puis bientôt ils sentirent qu'ils avaient en lui un camarade digne de leurs égards, digne de l'amitié de tous; aussi le lendemain, quand il se réveilla, entendit-il des voix partir de tous les côtés du dortoir pour lui dire bonjour et lui demander d'un ton affectueux s'il avait bien dormi : *Salve, salve, Johannes.* — *Annon bene dormisti, Johannes?* Et lui de leur répondre par des *Salve* pleins de cordialité et des *Annon bene dormisti* pleins d'un égal intérêt. Il s'était déjà fait un ami de chacun de ses compagnons.

A peine levé, il les suivit dans la classe, jonchée de paille; car, d'après un statut tout récent de l'université, les étudiants devaient être assis sur la terre, non point sur des bancs ou des sièges, et cela afin de leur rappeler qu'ils devaient se tenir dans l'humilité et le respect devant les maîtres, leurs supérieurs par l'âge, l'expérience et le savoir.

Profiter des leçons, apprendre beaucoup et vite, c'est tout ce que Jean voulait. Sa journée se passa donc au grand contentement de tous ses professeurs. Lui aussi, satisfait de son travail, mais satisfait sans ostentation, il se retira le soir, et, après la prière commune, pendant laquelle il nomma à voix basse, au fond du cœur, son père, sa mère, ses sœurs, ses frères, il s'endormit d'un bon et heureux sommeil.

Ce somme n'avait point encore cessé quand retentit la cloche argentine de la chapelle. « Elle a le même son que celle de Barby! » s'écria Jean en ouvrant les yeux.

Quand on est loin de son pays, on croit entendre partout la cloche du lieu natal; mais un bruit confus de voix rappela bientôt Jean tout à fait à lui, puis des lumières apparurent aux portes du dortoir, et il se retrouva dans le collège de Navarre, au milieu de tous ses camarades, qui se levaient pour se rendre aux matines, suivant la règle de la maison, car le jour qui commençait était un dimanche. Il fit donc comme eux, revêtit le surplis et l'aumusse, que les artiens et les théologiens devaient tous porter dans la chapelle, et se rendit aux matines. Les offices terminés, il alla faire connaissance avec la promenade commune de l'université, le Pré-aux-Clercs, où les élèves des vingt-quatre collèges, grands ou petits, jouaient de tout leur cœur. Quant à lui, peu ardent au jeu, il s'affectionna tout aussitôt pour une partie peu fréquentée de cette vaste prairie, dont l'herbe verte et épaisse, moins foulée par les pieds des promeneurs et des joueurs de barre, lui rappelait les prés qui s'étendaient entre le hameau de Gerson et la rivière d'Aisne, voilée de peupliers. Pour lui faire une illusion complète, de hauts peupliers s'élevaient également le long d'un vaste canal, qui, dérivé du cours de la Seine, allait remplir les larges fossés de l'abbaye Saint-Germain, et baigner les vieilles tours dressées comme d'immobiles sentinelles autour de ses murailles.

« Pourquoi ce rempart autour de cette église? dit Jean à d'Ailly. Est-ce qu'il peut y avoir des hommes qui osent attaquer des lieux bénits? »

D'Ailly avait plus d'une fois aussi exprimé l'étonnement et le regret qu'éprouvait Jean à voir un saint édifice transformé en citadelle; il fut cependant obligé de convenir que ces fossés et ces murs avaient été souvent utiles à l'abbaye dans les moments de turbulence des écoliers. Enfin le temps de la promenade s'étant écoulé dans les souvenirs du temps passé, Jean prit son rang dans la double file des artiens, et il venait de franchir le seuil du collége, quand le portier lui prit le bras.

« *Esne Johannes Charlerius, dic ?* » lui dit-il ; car, nous le savons, il était défendu dans la maison de parler autrement que latin, depuis le recteur jusqu'aux cuisiniers ; et c'est de ceux-ci, soit dit en parenthèses, que nous est venu le latin de cuisine. « *Esne Johannes Charlerius, dic ?* »

Jean, ainsi interpellé, s'arrêta tout court. Il était bien Jean le Charlier ; aussi s'empressa-t-il de répondre, ignorant du reste pourquoi cette question lui était faite :

« *Sum.* »

Alors le portier, tout en fouillant profondément dans l'une et l'autre de ses poches :

« *En littera* ou *litteram pro te.* » Et en même temps il lui présentait une lettre de sa mère.

« Une lettre de ma mère ! » s'écria-t-il en français, dans la langue de son pays, de son cœur ; et, à demi suffoqué par la joie, il quitta le rang sans demander la permission de le faire ; mais le maître, pardonnant à une émotion bien naturelle, ne lui adressa aucune réprimande, et Jean se retira à l'écart pour lire, en souriant et s'essuyant les yeux tour à tour.

« Mon cher enfant, messire Anselme n'est
« pas encore de retour ; mais je t'ai suivi par
« la pensée, pas à pas, sur la route ; j'ai
« compté les heures, les minutes ; tu dois
« être à Paris depuis deux jours quand cette
« lettre t'arrivera. Je t'assure que la maison
« a été bien triste après ton départ, et
« qu'elle l'est toujours autant. A chaque
« instant nous nous prenons à nous de-
« mander : — Et Jean, en ce moment, que
« fait-il ? — Et si un de tes frères, une de tes
« sœurs vient à répondre : — Bien sûr, il
« pense à nous, — je suis la première à dire
« de même. C'est cette pensée-là qui me
« console un peu.

« En revenant de te conduire à Rethel et
« en passant le long de la rivière d'Aisne,
« où tu as manqué de te noyer un jour, je
« me suis rappelé avec effroi que messire
« Anselme nous a souvent parlé d'une ri-
« vière sur les bords de laquelle il aimait à
« jouer quand il allait au Pré-aux-Clercs. Ne
« t'en approche pas trop, je t'en prie ; et,
« pour ne jamais cesser d'être prudent,
« pense que ta pauvre mère est toujours
« inquiète. Messire Anselme m'a dit qu'il

« comptait te laisser son Nouveau Testa-
« ment. C'est un don bien précieux ; lis-en
« quelques lignes tous les jours, et quand
« tu regarderas les enluminures, tu croiras
« que tu es encore à Gerson.

« A propos de ces images, te rappelles-tu
« Marcel, ce mauvais enfant qui en a dé-
« chiré une, et que depuis ce jour-là nous
« n'avions consenti à recevoir que parce que
« la petite Marie nous avait priés à mains
« jointes de lui pardonner? te le rappelles-
« tu? Il vient de quitter le pays pour aller
« on ne sait où, et sa pauvre mère ne vit
« plus que dans la douleur ; et bien certaine-
« ment elle mourrait de chagrin sans Marie,
« qui redouble de bonté pour elle quand
« elle la voit si malheureuse. Qu'est devenu
« ce méchant Marcel? Que deviendra-t-il?

« Nous t'embrassons tous bien. Écris-nous
« sur-le-champ, mon enfant chéri, et aussi
« souvent que tu en auras le loisir.

« Ta mère,

ÉLISABETH LE CHARLIER. »

Cette lettre le rendit si heureux, qu'il ne
songea plus à d'autres récréations qu'au bonheur de la lire, de la relire, de la relire en-

core, puis d'y faire une réponse sur-le-champ ; et le lendemain matin, avant de la donner aux messagers chargés par l'université d'entretenir des relations exactes et suivies entre les élèves et leurs parents épars dans les provinces, il eut la joie de pouvoir ajouter ce post-scriptum :

« J'ai concouru dès en arrivant, et le
« maître proclame à l'instant que je suis le
« premier. »

Une bonne lettre de sa mère, la première place dès son entrée au collège, c'était là un double bonheur qui ne fit qu'exalter et aiguiser son intelligence ; car le contentement de l'âme est pour l'esprit ce qu'au printemps est pour la terre un fécondant soleil : il fait tout germer, tout verdoyer, tout fleurir.

La correspondance de Jean avec sa mère, cette correspondance qui exerçait une influence si heureuse, ne se ralentit jamais, car les messageries de l'université, qui furent l'origine directe des postes dont Louis XI prit le service à son profit, s'acquittaient de leur mission avec une fidélité religieuse. L'université voulait ranimer la société, qui se mourait au fond des ténèbres ; et les relations qu'elle établit et entretint de toutes parts furent comme autant de jours ouverts à l'air et à la lumière qui font vivre.

Au milieu de cette vie paisible que, petits, nous détestons en formant le vœu d'être grands, sauf, lorsque nous serons grands, à regretter chaque jour le temps où nous étions petits ; existence régulière distribuée en devoirs scolastiques, en devoirs religieux, en promenades, en douces émotions causées par d'heureux concours ou des lettres reçues du pays, Jean vit sa première année s'écouler rapidement ; et enfin la veille des vacances arriva pour lui doublement joyeuse, car elle lui couvrit le front de couronnes et lui remplit les mains de livres merveilleusement copiés ; mais aucun n'avait de si belles enluminures que le Nouveau Testament de messire Anselme.

L'heure du départ avait enfin sonné, et, un matin, après un échange cordial de *Vale ! valete omnes ! bene valete !* que du reste la plupart des écoliers, dans leur ravissement, disaient en bon français : *Adieu ! adieu tous, portez-vous bien !* Jean se mit en route pour la Champagne.

Comme sa mère, son père, ses frères, ses sœurs et messire Anselme l'attendaient à Rethel ; comme il fut reçu à bras ouverts, et combien chacun fut heureux, il est inutile de chercher à le peindre. Il suffit de se rappeler ces joies que nous connaissons tous.

Celles dont Jean fut comblé ne lui laissaient rien à désirer. Les vendanges, les foires du village, les parties de chaque jour dans le voisinage et surtout au château de Romance, dont les maîtres l'accueillaient avec plaisir, ces fêtes continuelles firent que les deux mois de repos semblèrent s'être écoulés aussi vite que luit un éclair. Il n'y avait eu pour Jean pendant ce séjour au pays natal que quelques moments de tristesse, et il ne les fuyait point, parce qu'il savait qu'en les supportant il faisait du bien à quelqu'un : c'était lorsqu'il rendait visite à la Guyote, la malheureuse mère de Marcel. Cette pauvre femme, ruinée par de longues maladies et surtout par l'inconduite de son fils, était dans une misère que les familles le Charlier et de Romance soulageaient à l'envi ; mais c'eût été là le devoir de Marcel, et, au contraire, il perdait son temps on ne savait où, tandis que sa mère pleurait.

Jean venait alors se joindre à Marie pour essuyer les larmes de la Guyote. « Du courage ! lui disait sa fille adoptive, je grandis, je pourrai bientôt vous être utile ; et puis

Marcel reviendra, mère Guyote ; je le prierai tant alors, je lui dirai si bien comme vous avez du chagrin lorsqu'il est loin d'ici, qu'il restera, j'en suis sûre, et vous verrez que vous aurez près de vous deux enfants qui vous aimeront.

— Oui, mère Guyote, comme vous le dit Marie, soyez sûre qu'il reviendra, répétait Jean avec bonté. — Oh ! n'est-ce pas, n'est-ce pas, mes enfants, que je le reverrai ? » s'écriait alors la Guyote en embrassant Marie et Jean qui prononçaient d'aussi douces paroles ; et puis elle priait ce dernier, le suppliait de tâcher de découvrir Marcel dans Paris, pour lui donner de bons conseils, lui peindre le chagrin de sa mère. « Et il ne pourra résister à tes paroles, vois-tu, ajoutait la pauvre femme : tu lui diras si bien tout cela, j'en suis sûre ! »

A l'heure du départ de Jean, elle renouvela plus vivement encore ses instances. Toute la famille le conduisit jusqu'à Rethel comme il y avait un an : on marcha le plus lentement possible, et lorsque enfin on fut arrivé au lieu de la séparation, les adieux furent dits et redits bien des fois. On s'embrassa, on revint, on revint encore pour s'embrasser, et, en rentrant seule, Élisabeth eût amèrement pleuré, si messire Anselme ne lui eût montré l'avenir glorieux vers lequel s'acheminait leur bien-aimé Jean.

Le théologien qui avait été son compagnon pour venir de Paris le fut aussi pour le retour, et en traversant Compiègne ils rencontrèrent Pierre d'Ailly, qui retournait également au collège après avoir passé ses vacances dans sa famille. Ce fut là une véritable bonne fortune pour Jean ; car il aimait déjà d'Ailly de cette affection qui ne fit que s'accroître entre les deux grands hommes. Après cinq jours de route, ils arrivèrent au collège à l'heure du coucher du soleil. Ils dormirent bien, on n'en doute pas, et le lendemain les travaux recommencèrent. Jean entra dans une classe supérieure, travailla comme à son ordinaire, et lors du premier concours eut la première place. Quel fut donc son étonnement lorsque le matin Pierre d'Ailly, l'abordant pendant la récréation, lui dit du ton de la tristesse et d'un reproche amical :

« Est-il donc vrai, Jean ? je ne puis le croire : je viens d'entendre dire que vous vous êtes mal conduit dans la classe, vous si sage et doué de tant de raison ! Cela m'affligerait beaucoup si je le croyais possible. » Jean, interdit bien plus encore que ne l'était Pierre d'Ailly, trouva à peine une parole pour se justifier, et apercevant son professeur dans la cour, il courut lui demander l'explication de ce bruit si inconcevable qui s'était répandu dans le collège. Le maître donna à d'Ailly et à Jean la clef de cette énigme. Au nombre des nouveaux venus dans la classe que Jean venait de quitter se trouvait depuis quelques jours un élève nommé à peu près comme lui, en français Jehan Carlier, et dans la langue du collège *Johannes Carlerius*. C'était là précisément son nom latin, attendu que, par une règle que connaît chaque écolier, le *ch* est un son inconnu à la langue de Rome.

« Jehan Carlier, — *Carlerius !* C'est cela ! » s'écria notre Jean ; et il alla en toute hâte trouver son homonyme latin. C'était un bon et gros garçon de quinze ans, à la figure insouciante, et dont les yeux bleuâtres ternes et la bouche béante ne menaçaient nullement l'habile écolier d'un rival. Du reste il n'était point du même pays, mais bien d'une partie tout opposée de la France. C'est ce qu'il dit le mieux qu'il put dans un latin horriblement hérissé de solécismes, de barbarismes et du marotisme le plus bouffon.

La confusion incessante des deux Carlerius avait les résultats les plus comiques et les plus divertissants. Ce matin, qui était le plus faible de la classe ? — Johannes Carlerius. — Ce soir, qui est le premier ? — Johannes Charlerius. — Le lendemain, qui avait été trop bruyant au repas de la Sainte-Catherine ? — Johannes Carlerius encore. — Quel élève menait la conduite la plus exemplaire ? — Johannes Charlerius pourtant. — Et, au dîner commun de la Saint-Louis, qui avait fait dans la conversation deux cents fautes de syntaxe ? — Johannes Carlerius, Johannes Carlerius toujours. — Le délinquant aimait assez la ressemblance des noms, qui couvrait un peu ses sottises. Il le croyait du moins ; mais Jean le Charlier était trop connu dans la maison pour craindre que personne pût s'y tromper le moins du monde. Il avait donc cordialement ri des prétendues erreurs que l'on pouvait commettre entre lui et Carlier, quand une circonstance grave lui fit prendre au sérieux cette confusion de noms.

Son excellente mère l'avait habitué à recevoir très exactement de ses nouvelles, et cette exactitude lui devint bientôt d'autant plus précieuse qu'une maladie épidémique, comme elles n'étaient que trop fréquentes à cette époque, ravageait les environs de Reims. Quel fut donc son effroi quand le jour où il devait recevoir la lettre accoutumée rien ne lui fut remis, rien le lendemain, rien le jour d'après. Il était au comble de l'inquiétude, et alla interroger le portier.

« Comment ! lui dit celui-ci en un latin que nous traduirons, attendu qu'il n'était nullement classique, comment ! J'ai reçu avant-hier une lettre pour *dominus Johannes Charlerius*, et même vous me devez encore le prix du transport de la lettre. » Gerson comprit tout aussitôt : « Cette lettre était pour Carlerius sans *h*, et non pour moi.

— Attendez…, attendez…, reprit le portier en le regardant fixement… Cette lettre… était adressée à… Jean le Charlier… ou, comme nous disons, Charlerius… ; mais je ne vous reconnais pas pour celui à qui je l'ai remise, et… »

Gerson n'était plus là, et, déjà abordant Johannes Carlerius, il lui demandait sa lettre. Johannes Carlerius, quoique passablement effronté, se troubla, rougit, et, après avoir nié quelque temps qu'il l'eût reçue, il la lui remit sur la menace que le maître allait être averti de ce qui se passait. L'indigne Carlier, jaloux de Jean, avait, pour se venger, pris la lettre qu'on lui présentait par erreur, et, comble d'ignominie ! il en avait brisé le cachet, il l'avait lue. Jean fut si heureux de la retrouver entière, qu'il se borna à lui adresser en particulier de vifs reproches, et paya le port ; mais il prit tout aussitôt la résolution de faire en sorte qu'à l'avenir une telle confusion fût impossible.

Un soir donc, comme à son ordinaire, avant de se coucher, il avait lu la lettre de sa mère ; et, tout en revoyant dans sa pensée le verdoyant hameau, il entrait par degrés dans les illusions d'un doux rêve. Il lui semblait qu'il était emporté au galop d'un rapide cheval vers les beaux ombrages de Gerson, quand tout à coup entièrement réveillé par une idée subite, il s'écria à demi-voix :

« Gerson ! mais si je m'appelais Gerson..., Jean Gerson. C'est cela, je me nommerai Jean Gerson, et toutes les fois que l'on me proclamera le premier, mon pays partagera l'honneur avec moi, il me semblera que ma mère assiste à mon triomphe. »

Il s'endormit sur cette résolution bien arrêtée, et le lendemain dès le matin, il demandait au grand maître la permission de s'appeler Jean Gerson, *Johannes Gerso*, du nom du lieu natal.

« Je le veux bien, répondit le grand maître ; mais songe que tu t'engages ainsi à illustrer le hameau de Gerson, de même que le fondateur de la célèbre maison de Sorbonne a illustré le village de Sorbon, que tu connais. »

En effet, Sorbon était tout voisin de Gerson ; à ce souvenir, Jean soupira, et ne recula point devant l'engagement qu'il prenait en adoptant le nom de son pays, ses yeux s'enflammèrent, son cœur battit dans sa poitrine à cette noble pensée, et bientôt on sut dans tout le collège qu'il se nommerait désormais *Johannes Gerso*. Le jour même, il informa son père et sa mère de ce changement, leur en expliqua le motif, et Arnaud, ainsi qu'Élisabeth, l'approuvèrent, en lui répétant, avec le grand maître, qu'il s'efforcerait à coup sûr de devenir la gloire de son pays.

# V

## LES MAILLOTINS

> Quelque temps avant cette sédition, il naquit à Saint-Denis une bête à deux visages, trois yeux, et en sa bouche fourchue deux langues, ce qui me sembla chose merveilleuse... L'on disoit que telles choses ne venoient que ne fussent mauvais signes et apparence de grands maux.
>
> *Histoire de Charles VI*, par Juvénal des Ursins.

Pour prévoir de grands maux en France, il n'était nul besoin des superstitieux et absurdes pronostics dont parle le chroniqueur. La double élection des papes, dont l'un siégeait à Rome, l'autre à Avignon, plaçait le monde chrétien dans la position d'un enfant orphelin auquel deux hommes se présenteraient comme pères, et qui ne saurait vers lequel courir et lequel embrasser. Cette dissension funeste dans l'Église était aggravée par les discordes des ambitieux princes français qui se disputaient la régence, c'est-à-dire la royauté. Charles VI venait de perdre, à douze ans, son père Charles le Sage, et ce surnom ne devait point, hélas! être héréditaire.

Les funérailles de Charles V furent la première occasion où la population manifesta un mécontentement excité par les factieux, et aussi par la création d'un impôt extraordinaire qu'avait établi le régent pour subvenir aux frais d'une guerre profitable à sa seule ambition. Les archers, pour faire place au cortège, ayant repoussé quelques écoliers qui portaient des armes au mépris des statuts de l'université, la querelle devint générale. Ce soulèvement s'apaisa bientôt.

Mais il avait fait assez de bruit pour aller retentir dans la silencieuse et verdoyante retraite d'Arnaud, et y porter une anxiété d'autant plus grande, qu'on n'y avait pas reçu depuis quelque temps un seul mot de la main de Gerson. Les rumeurs, grossissant de bouche en bouche, avaient transformé une petite émeute en horrible sédition, et du fond du paisible hameau on se figurait Paris à feu et à sang. Aussi père, mère, frères, sœurs, amis, voisins, tout le monde se demandait avec effroi si le silence de Gerson était donc le silence de la mort. Non point, mais bien le résultat d'un événement très fréquent dans ces temps où les routes n'étaient nullement sûres. Le messager, attaqué par des brigands, avait été dépouillé de tout, et la lettre de Gerson, destinée à aller répandre la joie dans une honnête et pure famille, servit sans doute à allumer la lampe à la clarté de laquelle les malfaiteurs se partagèrent leur butin.

L'anxiété ne fut pas de longue durée; car, le 3 octobre 1380, Gerson franchissait le seuil de la maison natale en s'annonçant comme licencié ès arts, titre qu'il avait conquis par une année de travail heureux. On le reçut donc avec toute la joie accoutumée, plus celle que l'on devait éprouver à se sentir soulagé de si vives inquiétudes; puis, le lendemain, messire Anselme le conduisit en triomphateur au château de Romance, dont les maîtres le reçurent à ravir, comme un ami de dix-sept ans; car ils l'avaient vu naître le même jour que leur fille Alix, et ils voulurent qu'il restât à dîner avec eux, ainsi que le curé de Barby.

Depuis quelques années déjà, il ne voulait plus que ses vacances fussent un temps de loisir absolu. Il consacrait la moitié de ses deux mois à repasser ce qu'il avait appris, à se préparer à ce qu'il avait à apprendre; et résolu de ne rentrer à la maison natale que bachelier en théologie, non moins décidé à ce que ce fût dès l'année suivante, il se mit avec ardeur au travail aussitôt son retour à Paris; mais un jour ses études furent interrompues par d'effroyables cris, par des clameurs déchirantes qui venaient du dehors. Toutes les classes, toutes les lectures cessèrent. On se battait dans Paris. Des maîtres en ville en ce moment pour leurs affaires rentrèrent à la hâte, tout épouvantés. Les mécontents (à quelle époque en manque-t-il jamais?) venaient de se soulever contre les percepteurs des aides, et, armés de maillots de plomb qu'ils avaient pillés à l'hôtel de ville, allaient massacrant, assassinant les collecteurs et les fermiers.

Les impôts, il faut en convenir, étaient écrasants alors, et irritaient d'autant plus qu'ils étaient répartis injustement. Chacun, riche et pauvre, n'en payait point équitablement sa part comme aujourd'hui, et c'était précisément les gens qui avaient le plus de biens qui étaient exempts de contributions publiques. On conçoit les fréquentes et vives réclamations que soulevaient ces injustices; mais que ces réclamations irritassent au point de pousser au crime, c'était odieux, et plus d'un crime fut commis pendant ces journées de maillotins. Les autels mêmes, à l'ombre desquels plusieurs de ces malheureuses victimes étaient parvenues à fuir, ne les protégèrent point. Un des fermiers fut égorgé dans l'église Saint-Jacques-la-Boucherie, bien qu'il tînt embrassée une statue révérée de la Vierge; et une bande nombreuse de maillotins vint mettre le siège devant l'abbaye de Saint-Germain-des-Prés, à laquelle servaient efficacement en cette occasion ces remparts que Gerson déplorait de voir autour de la maison de Dieu.

Les maillotins avaient profité, pour se soulever ainsi, de l'absence des princes et du jeune Charles VI, alors en Flandre, guerroyant avec valeur, car il était belliqueux. Cette vaillance bien connue dans le roi fit bientôt réfléchir les révoltés, et, une fois la fièvre de la sédition éteinte, ils tombèrent dans cette émotion impuissante et dans cet abattement dont est également suivie la fièvre qui mine le corps. Le roi, informé de la sédition des Parisiens, revenait victorieux des champs de Rosebecque, et ces turbulents, qui tout à l'heure méditaient la ruine du château de Beauté, du château du Louvre et de tous les points fortifiés qui cernaient ou gardaient Paris, à présent ils tremblaient, ils avaient honte et horreur de leur mutinerie sanglante, et, se demandant avec anxiété comment finirait tout ceci, ils délibéraient sur les moyens à prendre pour apaiser le roi et le prince qui approchaient; l'armée n'était plus qu'à une journée de Paris.

Alors Jean Desmarais, grand avocat du temps, et qui avait fait un déplorable usage de l'art de la parole pour soulever une foule ignorante, fut d'avis que l'on devait en ce cas avoir recours à la médiation de l'université. Les députations se rendirent donc sur-le-champ près du recteur et dans les plus importants collèges de Paris, pour obtenir l'appui des plus habiles orateurs de ce corps illustre. Pierre d'Ailly, célèbre par son éloquence et alors grand maître de Navarre, ne pouvait pas être oublié; aussi un jour une députation composée de cinq ou six hommes se présenta à la porte du collège, et fut admise. On était en récréation alors, et

Gerson, profitant par hasard de ce moment de repos auquel il ne sacrifiait que rarement son travail, se promenait tout pensif dans la cour, lorsqu'il remarqua le groupe qui était là, attendant Pierre d'Ailly.

Ces gens n'avaient en eux rien qui pût attirer l'attention, et cependant Gerson, les ayant regardés une fois, ne put plus détacher d'eux son regard, et, passant et repassant sans cesse devant eux, il les contemplait d'un œil de plus en plus fixe, de plus en plus ému. Ils allaient lui en demander la raison, lorsque, s'avançant vers l'un d'eux, il l'attire dans un coin de la cour. « Bien certainement, je ne me trompe pas, lui dit-il à demi-voix, vous êtes du hameau de Gerson, vous êtes Marcel. » Une rougeur subite, des yeux errants, égarés, et qui se baissèrent aussitôt, répondirent à la question de Jean. « Oui, vous êtes Marcel. Oh! qu'il y a longtemps que j'ai besoin de vous voir pour vous parler de votre mère! Elle est bien malheureuse, Marcel, votre pauvre mère, elle pleure du soir au matin; elle vous demande sans cesse; elle eût toujours voulu m'avoir près d'elle, parce que je lui rappelais son enfant, vous, Marcel, mon compagnon d'enfance. Si vous voyiez comme elle souffre de ne pas vous voir et comme elle pleurait! si vous aviez entendu de quelle voix touchante elle m'a recommandé de vous chercher, de vous voir, de vous aimer!

« Eh bien! oui, je t'aimerai, Marcel, car nous sommes du même pays, du même âge; ma mère aimait la tienne. Je t'aimerai; mais je t'en prie, je t'en prie, quitte ces mauvaises gens qui t'entraînent. Retourne auprès de ta mère; elle sera si heureuse! Travaille aux champs; j'irai te revoir, et mon père, ma mère, t'aimeront aussi. Je t'en prie, Marcel, retourne au pays... Tu dois manquer d'argent! »

Et, sans attendre sa réponse, il lui donna tout ce qu'il avait pu mettre de côté sur les six sous tournois qu'il avait reçus par semaine depuis son entrée au collège comme membre de la faculté des arts, et sur les huit qu'on lui payait depuis un an, à lui comme à tout théologien; Marcel prit cet argent avec avidité, et il fit à Gerson toutes les promesses qu'il lui avait demandées.

« Puisse-t-il me tenir parole, mon Dieu! » se dit Jean en le regardant sortir, et le suivant de l'œil pour s'assurer qu'il prenait un autre chemin que ses camarades. « Oh! j'espère, j'espère qu'il fera comme je lui ai dit; et pourtant il me semble que je suis plus ému que lui, et que, lorsque je lui ai peint les chagrins de sa mère, il n'a pas versé une larme! pas une larme! »

C'était, en effet, un bien mauvais signe!

## VI

### UN MARIAGE

> Les biens de la fortune proviennent de l'héritage paternel ; du Seigneur seul vient la bonne et sage épouse.
>
> *Proverbes* de Salomon.

Gerson ne devait pas tarder à savoir si Marcel lui avait tenu sa promesse ; et dès qu'eurent cessé les leçons qu'il recevait pour s'élever jusqu'à la chaire de docteur, les leçons qu'il donnait aux moins savants que lui, et ils étaient en grand nombre, il se mit en chemin pour aller respirer l'air natal. Notre voyageur était à une distance égale du village et du hameau, lorsqu'il aperçut deux femmes qui accouraient vers lui : l'une d'un pas bien peu agile, c'était la Guyote ; l'autre, c'était sa fidèle compagne, Marie.

« Eh bien ! mon pauvre Jean, lui dit la Guyote avec empressement et d'une voix que suffoquaient les battements de son cœur ; eh bien ! tu ne l'as donc pas revu ? — Il n'est pas revenu, mon Dieu !

— Hélas ! non, » répéta Marie.

Gerson pâlit, rougit, ne sachant que répondre à la Guyote, et il ne put se soustraire à ses questions qu'en se précipitant vers son père, sa mère, ses sœurs, qui venaient au-devant de lui, et l'emmenèrent joyeusement dans la maison, parée de rideaux blancs et de fleurs pour son retour. Il avait acquis un degré de plus, il était licencié en théologie. Cette science, qui, en faisant connaître Dieu, ne peut qu'enseigner à l'aimer, lui montrait toujours plus magnifiques les rayons de la Divinité dans la beauté de la nature. Tout, sous l'influence de ces études élevées, tout devenait tendre, touchant, plein de grâce. Son verger, ce lieu de sa première prière, était plus cher à son cœur. Il aimait plus qu'autrefois son père, sa mère, sa famille, ses amis, la terre d'où pour la première fois il vit le ciel.

La mère de Marcel était comme un nuage sombre sur ce ciel pur : son fils ne reparaissait pas, et Gerson supposa qu'il avait perdu la vie dans les exécutions secrètes qui eurent lieu à la suite de la révolte. Il se garda bien d'en rien dire à la mère; mais il n'eut pas le courage de lui donner de l'espoir, quand elle lui recommanda, les larmes aux yeux, de chercher encore Marcel dans Paris.

A peine revenu au collège, il obtint une marque d'honneur bien incontestable, et qui prouve à quel point il était déjà connu et estimé dans l'université. La *nation de France* tout entière, *honoranda natio Gallorum*, la plus nombreuse des quatre nations entre lesquelles était divisé le corps savant eu égard au pays natal des écoliers, la nation de France l'élut pour être son procureur. Les fonctions de cette place exigeaient un homme qui fût non seulement savant et habile dans son cabinet, mais encore actif et propre aux affaires. Gerson était précisément de cette nature, comme toute sa vie le prouve. Heureux de tant de suffrages de ses compagnons d'étude, il s'empressa d'annoncer à sa mère sa nouvelle dignité, en la priant d'en informer messire Anselme, auquel revenait, disait-il, une grande part des honneurs dont il lui avait ouvert la voie.

Il y a longtemps, ce nous semble, que nous n'avons vu l'homonyme de Gerson. Il était toujours à Navarre, s'appelant actuellement tout seul *Johannes Carlerius*, et n'étant pas encore bachelier ès arts. Il ne prenait même guère le chemin d'arriver à ce premier degré, non qu'il fût tout à fait aussi fort qu'autrefois en barbarismes et en solécismes ; mais il devenait de plus en plus paresseux. Cela en vint au point que, sa présence étant pour le collège un mauvais exemple permanent, on le menaça souvent de le renvoyer. La menace s'exécuta enfin, et voici à quelle occasion.

En vertu de sa paresse, il faisait partie d'une coterie d'écoliers turbulents, incapables, qui ne se trouvaient jamais réunis au Pré-aux-Clercs que pour comploter quelque méchanceté ou quelque désordre. Ce qui les occupait à l'époque de ce récit, c'était l'élection du recteur. Cette élection, qui se renouvelait tout les trois mois, avait lieu par délégation ; car les six mille étudiants formant les quatre nations de l'université ne pouvaient voter l'un après l'autre. Il avait donc été convenu depuis des siècles que chacune des nations nommerait, pour la remplacer et élire en son nom le recteur, un procureur qu'elle choisissait à la majorité des suffrages. Dès lors ce procureur se chargeait des pouvoirs de la nation, la représentait partout : elle était tout entière à lui. Un honneur était-il rendu au procureur, cet honneur revenait à la nation tout entière. Recevait-il un outrage, le dernier des membres de la nation le ressentait. Enfin le procureur était la nation devenue un seul homme, parlant par une seule voix, obéissant aux ordres d'une seule âme; et Gerson remplissait ces belles fonctions.

Cela ne plaisait point à *Johannes Carlerius* et à ses adhérents. Ils avaient en horreur ces distinctions auxquelles ils se sentaient aussi incapables qu'indignes de jamais parvenir. Pourquoi, se disaient-ils et disaient-ils à tous ceux qui les voulaient écouter, pourquoi tous les étudiants de la faculté des arts, grammairiens, logiciens, philosophes, renoncent-ils, grands et petits, au droit d'élire le recteur? Il faut que chacun se serve directement de la voix que le Ciel lui a donnée, *que chacun élise le recteur!* Tel était le cri de guerre des réformateurs qui voulaient renverser un ordre reconnu bon depuis des siècles, et ce cri trouvait bien des échos. *Johannes Carlerius* et ses adeptes virent donc bientôt derrière eux un nombreux troupeau de dupes ; et, le jour de la fête de la Saint-Jean, tandis que Gerson, avec ses collègues des trois autres nations, était dans la grande salle du cloître des Mathurins, siège des assemblées générales de l'université, à délibérer sur le choix d'un nouveau recteur, un grand bruit se fit entendre au dehors. C'étaient des sifflements aigus et discords, des huées, des clameurs confuses, des cris sur tous les tons ; puis une pierre, deux, trois tombèrent sur les dalles de la salle où l'on procédait à l'élection. Il est bon de rappeler ici que Gerson était personnellement haï de *Johannes Carlerius*, depuis qu'il avait changé de nom afin de ne pas courir le risque d'être pris pour lui.

« La porte ! qu'on nous ouvre la porte ! hurlaient les assaillants, nous voulons élire comme les autres ! la porte ! la porte ! » Et les plus turbulents d'entre les tapageurs en ébranlaient les battants à coups de cailloux énormes, tandis que mille à douze cents dupes entonnaient plus bruyamment leur chorus : « Nous voulons tous nommer le recteur ! nous voulons tous élire le recteur ! » Ce fut en vain que le recteur qui allait être remplacé vint sur le seuil du portail pour engager les turbulents au calme, à la raison, en leur rappelant qu'ils devaient s'en rapporter aux procureurs choisis par eux-mêmes pour représenter leurs nations. Ces observations si sages, si modérées, ne parvinrent pas à se faire écouter, pas même à se faire entendre dans le brouhaha de la sédition, d'autant plus que les meneurs, semblant oublier le prétexte primitif, s'étaient mis à vociférer contre tout le monde : « A bas le prévôt ! à bas le gouverneur ! à bas les bedeaux ! à bas les archers ! à bas le chancelier ! » Et ces misérables écoliers, enfants la plupart, ne comprenant rien à ce qu'ils disaient, c'était là leur seule excuse, répétaient, en criant à perdre haleine, ce cri atroce : *A bas ! à bas !* qui est une clameur de mort et une provocation au carnage.

En dépit de ce tumulte, le recteur fut élu suivant les formes d'après lesquelles il devait l'être ; mais le lendemain il y eut dans les divers collèges un sévère examen de la conduite tenue par les écoliers pendant le congé de la veille, et en tête des mutins renvoyés se trouva *Johannes Carlerius*. Une plus longue tolérance était impossible, et le collège de Navarre, délivré de cet hôte incommode, devint plus véritablement que jamais la maison de paix et de calme. Gerson, oubliant le bruit de la veille, rentra donc avec délices dans ses profondes études ; il y était livré tout entier, lorsque, quinze jours seulement avant son départ pour le pays, où il allait rentrer plus grand, plus honoré, plus aimé que jamais, il reçut de sa mère la lettre suivante :

« Mon enfant, bien que nous ne devions
« pas tarder à nous revoir, je suis impa-
« tiente de t'apprendre une bonne nouvelle,
« et tu seras tout aussi heureux de la savoir
« bien vite, que moi je suis heureuse de la
« dire sans retard. Hier soir nous étions
« tous chez la Guyote, et, ne pouvant la
« consoler, nous nous joignions à son ange
« gardien, Marie, pour écouter avec bien-
« veillance et compassion la pauvre femme,
« si tendre et si mal récompensée de sa ten-
« dresse. Marie, pour lui donner quelques
« instants de calme et d'espoir peut-être,
« lui rappelait que plus d'une fois Marcel,
« cédant à de bons mouvements, était re-
« venu vers elle, et elle lui donnait pour la
« millième fois l'espérance que lorsque
« Marcel reviendrait, cette fois elle saurait
« le ramener tout à fait au bien et le retenir.
« — Je le prierai tant..., je le prierai tant
« qu'il ne pourra pas me refuser, ma bonne

« mère, et vous nous aurez toujours à côté
« de vous !

« J'admirai avec quelle intelligence venue
« du cœur Marie avait l'art de relever le
« courage de la Guyote ; mais, me rappelant
« ce que tu m'as dit de tes appréhensions
« sur le compte de Marcel, j'accueillis ces
« paroles avec un soupir d'incrédulité, lors-
« que, à neuf heures, un coup frappé à la
« porte à l'instant où l'on se préparait à se
« retirer fait tressaillir tout le monde et
« surtout la Guyote.

« Elle court ouvrir : — C'est lui ! c'est
« Marcel ! Elle n'a pas la force d'en dire
« davantage, et, suffoquée par tant de joie,
« elle tombe sur son siège. Nous craignîmes
« pendant quelques minutes qu'elle n'eût
« perdu la vie ; mais elle rouvrit les yeux et
« s'élança de nouveau dans les bras de son
« fils, qui semblait, je dois le reconnaître,
« pénétré d'autant de joie que de repentir.
« Nous fîmes l'accueil le plus cordial à l'en-
« fant prodigue. Marie surtout était au
« comble de la joie. — Elle voyait la Guyote
« si heureuse ! Elle oubliait tous les tour-
« ments que Marcel avait causés dans la
« maison, pour être reconnaissante du bien
« que par son retour il faisait à sa bien-

« faitrice. Il ne fut plus dès lors question
« de nous séparer sitôt, et la veillée se
« passa jusqu'à minuit en doux reproches,
« en larmes de joie ou de repentir, en pro-
« testations de bonne conduite, en paroles
« d'espérance et de réconciliation. Marcel
« nous conta, d'un ton à inspirer toute con-
« fiance, sa vie d'oisiveté presque conti-
« nuelle, de débauche et de misère. Bien des
« fois il avait eu de bons mouvements. Le
« souvenir de sa mère, celui de Marie, dont
« la bonté et le dévouement le faisaient
« rougir, ces réminiscences étaient de vifs
« remords ; et alors il retournait au tra-
« vail dans les vastes clos cultivés que ren-
« ferme l'enceinte de Paris. Il voulait gagner
« honorablement de quoi revenir dans sa
« famille. Une fois, deux..., il se mit en
« route ; mais il rencontra quelques-uns de
« ses compagnons de désordre, et voilà qu'il
« se laisse retomber dans le gouffre d'où il
« allait sortir. Une de ces bonnes inspira-
« tions, et la plus puissante, m'a-t-il dit en
« me regardant avec reconnaissance, fut le
« fruit des conseils de votre fils, de messire
« Gerson ; je ne les ai jamais oubliés entiè-
« rement ; il m'avait parlé de ma pauvre
« mère avec tant d'éloquence ! Au fort de

« mes rechutes, sa voix retentissait à mon
« oreille, et enfin j'ai pris le bon parti.

« Voilà, mon enfant, ce qui m'a rempli
« le cœur de joie, c'est de penser que tu as
« déjà fait tant de bien. Tu continueras,
« j'en suis sûre.

« Élisabeth le Charlier.

« 16 avril 1390. »

Gerson partagea de toute son âme la confiante joie d'Élisabeth. Un pécheur qui se repent donne tant d'allégresse au Ciel, que le cœur de l'homme pieux en doit avoir un bien doux retentissement : aussi que tout était beau à ses yeux lorsqu'il rentra dans ce hameau où était revenu le bonheur ! Les premières personnes qu'il aperçut, ce furent la Guyote et Marie : Marcel était avec elles, proprement vêtu d'habits tirés en partie de la garde-robe de M. de Romance, en partie de celle d'Arnaud ; mais qu'il allait être plus beau encore le lendemain ! il épousait Marie. C'est ce que Jean apprit de Marcel lui-même, et, en lui annonçant cette nouvelle, il semblait être au comble du contentement ; car, même au plus fort de ses désordres, il avait toujours aimé Marie, tant est grand l'empire de la vertu, de la grâce, de la bonté ! Cette vertu, cette bonté exquise, ce dévouement, elle en donnait en ce moment une grande preuve. Elle s'était hâtée, contre les conseils de la prudence, de céder aux instances de la Guyote, et de consentir à épouser son fils, pour qu'il n'eût pas le temps de se laisser aller à de nouvelles fautes.

L'événement du hameau fut raconté à Gerson trente fois au moins jusqu'à la fin du jour, tant par sa nombreuse famille que par chacun des voisins qu'il allait visiter ; et enfin messire Anselme, en lui répétant tous ces détails, lui annonça qu'il avait compté sur lui pour l'assister comme diacre au service nuptial. Comment Gerson n'eût-il pas accepté avec un pieux empressement ces saintes fonctions ? Il se mit donc en prière pour acquérir la grâce de s'en acquitter dignement, et le lendemain matin, à huit heures, les deux cloches de Barby annonçaient à grande volée l'acte qui allait s'accomplir.

A ce signal, Jean, laissant toute sa famille dans ses préparatifs de toitette, se rendit à l'église de Barby, où il revêtit la dalmatique ; et une demi-heure après, marchant derrière messire Anselme, il sortait de la sacristie et entrait dans le chœur, éclairé par un radieux soleil et paré comme pour les plus grandes solennités. Messire Anselme n'avait pas mis plus de pompe à la célébration du mariage de l'héritière du château de Romance. Il avait pensé qu'il ne pouvait rendre trop d'hommages visibles à la vertu et au dévouement qui poussait Marie à accepter une union si ardemment désirée par la Guyote. Pour accomplir un devoir de reconnaissance, Marie n'avait voulu accueillir aucune pensée d'inquiétude pour son avenir près de Marcel. Elle mettait, au contraire, un vertueux orgueil à le rendre aussi bon qu'il avait été pervers. Elle s'avança donc à l'autel avec l'air calme et serein que l'on a quand on est sûr de bien faire, et Marcel était ému.

Quelles ardentes prières messire Anselme, Gerson, et tous les habitants du bourg entassés dans la nef et vêtus de leurs parures des dimanches, quelles supplications ferventes tous adressèrent au Ciel pour le bonheur de cette angélique Marie ! Comme chacun s'empressa, après le mariage, autour des deux époux en les complimentant, en leur souhaitant la paix et le bonheur ! et avec quelle verve le ménétrier prit la tête du cortège en avant des mariés ! Maître Arnaud venait ensuite, donnant le bras à la Guyote, qui semblait ne pas toucher la terre, tant la joie la ravissait. Élisabeth avait pour cavalier le bailli de la seigneurie de Romance; toute la population de Barby et du hameau suivait, deux à deux, enrubannée, galonnée, chamarrée magnifiquement; et, arrivés chez la famille le Charlier, les convives trouvèrent un repas abondant qui les attendait sous une grande tonnelle. On chanta au dessert, puis l'on dansa gaiement aux dernières lueurs du soleil, aux fraîches et limpides clartés de la lune, qui rendait à peu près inutiles les lumières suspendues aux branches des arbres. Les oiseaux, trompés par cette apparence de jour et ce bruit inaccoutumé, se prirent à gazouiller comme à midi, tandis que les coqs, sentant l'aube venir, lançaient de toutes parts les sons éclatants du réveille-matin que Dieu leur a donné pour appeler au travail l'habitant des campagnes; mais ce matin on n'était disposé qu'à fêter un beau jour, et c'est ainsi que le ménage de Marie et de Marcel commença sous les auspices les plus riants.

## VII

### LA MOMERIE DES ARDENTS

> Il est vrai qu'environ le commencement d'août il voulut aller aux champs en armes, et au-devant de lui vint un méchant homme mal habillé, pauvre et vile personne, disant : « Roi, où vas-tu ? tu es trahi ! » Le roi entra alors en une grande frénésie.
>
> *Histoire de Charles VI*, par Juvénal des Ursins.

Pourquoi faut-il quitter ces scènes de bonheur, ces paisibles campagnes, et rentrer dans le tourbillon de la ville ? C'est que tout est bien changé, et deux années se sont écoulées à peine. Nous voici en 1392, devant une horrible fête qu'il nous faut raconter.

Qui ne se rappelle quelquefois sa mythologie, et, entre autres dieux, ce gai Momus, bouffon du ciel ? Nos aïeux, conservant dans leur langue le souvenir de la grotesque déité, avaient tiré de son nom le mot de *momerie* pour exprimer l'idée de mascarade joyeuse et de déguisement. Ce mot, nous l'avons gardé, mais avec le seul sens d'hypocrisie : c'est que l'hypocrisie est, en effet, un hideux déguisement au moral. Toutefois, à l'époque à laquelle nous nous reportons, une momerie n'était pas autre chose qu'un ballet masqué; mais avant de parler de cette réjouissance sinistre, il faut jeter un rapide coup d'œil sur les non moins sinistres événements qui la précédèrent, et que traversa Gerson en grandissant de plus en plus en intelligence, en sagesse, en renommée. Après avoir soutenu victorieusement ses trois examens ou *tentatives* de théologie, prononcé plusieurs fois devant la société de Navarre, avec beaucoup d'éloquence, le panégyrique annuel de saint Louis, il reçut, en 1392, le bonnet de docteur des mains de son maître Pierre d'Ailly, alors chancelier de l'Église et de l'université.

« Ce n'est point le bonnet carré, ni le
« chaperon fourré d'hermine, ni la chaire
« magistrale qui font le docteur, a dit Clé-
« mengis, un des élèves les plus célèbres de
« Navarre; c'est la science, c'est l'amour du

« bien, la sagesse. » Gerson possédait à un degré supérieur ces facultés, qui sont précieuses en tout temps, mais bien plus encore à une époque de trouble, comme celle qui commençait pour la France ; et par quel effroyable début ! Un roi jeune, vaillant, affable, qui promettait de réparer par son administration les désordres que commirent ou que fomentèrent durant sa minorité ses ambitieux parents, le malheureux Charles VI, est tout à coup atteint d'une démence furieuse. Oh ! la raison, c'était la plus belle couronne qu'il perdait ! et cela au moment où le pays avait tant besoin d'ordre et de prudence ! Alors les ambitieux lèvent le front plus haut que jamais, se disputant d'une main impie le manteau royal du pauvre insensé, et c'est à qui profitera de la grande calamité pour régner sous le nom de ce roi détrôné quant à l'intelligence. Les états généraux se rassemblent afin de nommer à Charles VI un tuteur, c'est-à-dire un régent. Le jeune duc Louis d'Orléans, frère du roi, aspirait à ces fonctions souveraines. Les deux oncles de Charles VI, les ducs de Berry et de Bourgogne, y sont appelés, et cette décision, quoique sage, envenima les haines de famille qui furent si fatales à la France.

Et quelle était la personne la plus coupable parmi tous ces parents qui haïssaient un malheureux fou? Qui le haïssait le plus? C'était l'être qui aurait dû être son appui, son soutien, sa consolation, et qui fut son plus cruel fléau : c'était sa femme, l'odieuse Isabeau de Bavière. Elle traitait sans pitié Charles VI, et déjà, préludant à ces trahisons envers le pays qui l'avait adoptée, elle épuisait la France par ses dépenses folles. Pour accumuler fêtes sur fêtes dans le palais, au milieu de la détresse publique, elle prenait prétexte de la nécessité où l'on se trouvait de distraire Charles VI pour calmer ses accès, et faisait tourner, avec un intérêt hypocrite, ce malheur au profit des ruineux plaisirs dont elle était altérée.

Toute idée de fête ou de jeu était admise avec ardeur, et la *momerie des hommes sauvages,* que l'on nomma plus tard, avec trop de raison, *momerie des ardents,* ayant été proposée par un des seigneurs favoris, Hengriguen de Gensan, elle fut annoncée pour avoir lieu aux premiers jours de janvier 1393, dans la maison de plaisance appelée l'*hostel de la Reine-Blanche,* située au bourg Saint-Marcel, sur le bord de la petite rivière des Gobelins.

Or, ce soir-là, la galerie de l'hostel de la Reine-Blanche était plus splendidement décorée et illuminée que de coutume. Des pages richement vêtus, et placés deux par deux à chacune des portières de soie ou de damas cramoisi, tenaient des flambeaux dont les flottantes lueurs se mêlaient à celles des lampes suspendues aux poutres fleurdelisées du plancher, et ces clartés, jaillissant de toutes parts, faisaient resplendir le cuir doré des tapisseries et les perles, les joyaux, les diamants qui brillaient sur la tête et au cou des femmes de la cour. Elles étaient en grand nombre autour de la reine, et parmi elles se trouvait Alix de Romance, unique héritière du château voisin de Barby, et femme du héros de la fête, l'inventeur du ballet des hommes sauvages, Hengriguen de Gensan. Comme ce seigneur était, disent les chroniques, « estimé homme d'esprit, subtil et « inventif de belles mascarades, » les dames, les jeunes seigneurs s'entretenaient avec curiosité du nouveau divertissement, dont le roi avait été si charmé, qu'il allait y figurer comme acteur. On se racontait que l'entrée du ballet devait être composée de danseurs habillés de vêtements de toile qui prenaient juste la forme du corps, et ces vêtements étaient couverts d'étoupes collées avec de la poix, et graissées *pour mieux luire*, de façon que ces hommes velus devaient ressembler à des orangs-outangs ou à des satyres.

On attendait impatiemment leur apparition, quand on entendit venir du fond d'une galerie un bruit de chaînes, et bientôt, les pages ayant écarté les portières, un homme vêtu comme nous venons de le dire parut d'abord en faisant d'étranges grimaces. Il était masqué, mais on savait que c'était le roi. Déplorable fou! il fallait l'être pour jouer dans d'ignobles parades, sur le bord d'un abîme dont il ne pouvait sonder la profondeur. Isabeau de Bavière fut la première à applaudir à cette entrée dont Charles VI était le chef. Derrière lui venaient six seigneurs portant le même costume et dansant enchaînés les uns aux autres. Hengriguen de Gensan était parmi eux.

A leur suite venaient beaucoup d'hommes et de femmes en costumes étranges, et alors des danses aussi bizarres que les vêtements des danseurs commencèrent avec une sorte de frénésie. La galerie entière était comme envahie par un tourbillon d'écharpes flottantes, de colliers scintillants aux clartés des torches, de diamants d'où jaillissaient des feux de toutes couleurs. C'était un mouvement étourdissant, une joie qui ressemblait à l'ivresse, et le plancher, battu par tant de pas rapides, tremblait comme la terre de Sicile à l'approche de l'éruption du volcan.

Tout à coup un grand cri se fait entendre. C'est Alix qui l'a poussé; car, la première, elle a vu s'allumer un horrible incendie; un des masques vêtus de poix a frôlé une des torches portées par les pages, et la déchirante clameur s'est à peine répétée d'un bout de la galerie à l'autre, que déjà le roi et le groupe des six sauvages ne sont qu'un tourbillon de flammes épaisses et rougeâtres. C'est un horrible spectacle que celui de ces malheureux, tous brûlant dans leurs étroits habits, tous enchaînés de façon à ne pouvoir se délivrer, et condamnés à se voir périr sans pouvoir se prêter assistance. Ce n'étaient que hurlements horribles, que grincements de dents, que paroles inarticulées, parmi lesquelles se faisaient entendre distinctement ces seuls mots, bien héroïques dans la bouche du martyr : « Sauvez le roi! sauvez le roi! » En nous conservant le nom du jeune Yvain de Foix, qui, au milieu de ses tortures, exprimait ce noble vœu, le chroniqueur lui a décerné pour toujours la récompense que l'histoire assure aux âmes généreuses et aux bons citoyens.

La prière du noble Yvain avait été entendue par une des princesses de la famille royale. La duchesse de Berry, entourant Charles VI de son large manteau, étouffa le feu qui allait bientôt le consumer. Alix avait eu le même dévouement pour son mari; mais il était enchaîné aux autres misérables, et elle ne pouvait l'embrasser assez étroitement. Cependant le désespoir, la douleur, donnent des forces incroyables, et la chaîne fut enfin brisée. Oh! qu'il était plus effroyable encore de voir ces pauvres gens, la tête perdue, courant à droite et à gauche, au lieu de se jeter à terre pour étouffer les flammes, et les excitant d'autant plus que leurs mouvements étaient plus précipités! Ils flambaient comme ces martyrs chrétiens condamnés par les persécuteurs du christianisme à servir de torches pour éclairer les jardins de Rome.

L'un de ces malheureux se sauva en se jetant dans une cuve remplie d'eau pour le service du repas qui avait précédé la fête. Un autre, pour se délivrer de ses tortures, courut se précipiter dans la rivière des

Gobelins. Quant à Hengriguen de Gensan, Alix voulait éteindre la flamme qui le dévorait ou périr avec lui; mais on ne permit pas ce sacrifice à la femme dévouée; on la détacha violemment de ce corps en feu, et tout aussitôt elle tomba évanouie.

Pendant ce temps, et à la prière de deux gentilshommes qui mouraient dans d'intolérables supplices, on était allé en grande hâte trouver le curé de l'église du bourg Saint-Marcel, maître en théologie au collège de Navarre. Il connaissait Gerson, et avait obtenu du grand maître la permission de le recevoir dans son presbytère pour qu'il s'y remît de la fatigue causée par les travaux assidus auxquels il s'était livré, dans ces derniers temps, avant d'être ordonné prêtre. Gerson ne se reposait nullement toutefois, car le repos lui était impossible, et ce soir-là, après avoir étudié les saintes Écritures avec le curé de Saint-Marcel, il le quittait pour se mettre au lit quand l'émissaire de l'*hostel* de la Reine-Blanche se présenta, tout pâle, tout tremblant, et ayant à peine assez de voix pour raconter l'effroyable catastrophe.

Les deux prêtres n'eurent pas plus tôt entendu ce récit de douleur, qu'ils se mirent en route pour aller porter les dernières consolations à ceux qui les invoquaient. Le temps était rude, le froid pénétrant, la nuit sombre; mais qu'importait? le devoir du prêtre est de courir vers le mourant qui l'appelle, comme le devoir du soldat est de s'élancer à la voix du chef qui le mène à l'assaut. Ils se rendirent donc bien vite à la maison de plaisance, devenue maison de deuil. La salle de bal, avec son éclat, ses danses, ses femmes parées, ses fêtes mondaines, eût été interdite à ces fils de l'Église, mais ils pouvaient y entrer à présent, c'était un sanctuaire de mort. Là, plus de sons d'instruments, plus de paroles joyeuses, plus de lustres étincelants, plus de rires, mais quelques torches lugubres, des mots échangés à voix basse, des gémissements étouffés et de temps à autre interrompus par des cris qu'arrachaient d'atroces souffrances... Pour mettre le comble à l'horreur de cette scène, la foule s'était précipitée dans l'*hostel* au premier bruit de la catastrophe, et les voleurs, profitant du désordre, étaient venus enlever à leur aise les parures de perles, d'orfèvrerie et de diamants que les dames de la cour avaient perdues dans leur fuite. La cour des Miracles avait là une odieuse députation. Plusieurs de ces brigands avaient été arrêtés, et au moment où Gerson entra avec le curé de Saint-Marcel, portant le Saint des saints, il frémit en passant près d'un homme à demi perdu dans l'ombre.

« O mon Dieu!... Mais non... c'est impossible! c'est impossible! » se dit-il; et il oublia cette émotion passagère en pénétrant dant un lieu de douleur où l'attendaient tant de poignantes émotions.

# VIII

## JOHANNES CARLERIUS

> Le bruit en fut si grand (de la catastrophe du bal) dans Paris, que peu s'en fallut qu'il n'y oût de l'émotion parmi le peuple parisien contre ceux qui gouvernoient le roy ; car on fit courir par la ville que le roy avoit été rosty avec les autres.
>
> MALINORE, *Annales de Paris.*

La citation qui précède prouve quel intérêt portaient les habitants de Paris à ce pauvre fou, plus malheureux véritablement que le dernier de ses sujets. Louis, son frère, le jeune ambitieux, espéra sans doute tirer parti de la catastrophe de la nuit pour exciter de l'agitation dans la ville ; car les faux bruits sont faciles à répandre parmi les hommes crédules en proportion de leur ignorance. Ses agents, affectant une fausse tendresse pour le roi, allaient irritant la foule contre les régents, les ducs de Berry et de Bourgogne, et poussaient même l'infamie jusqu'à donner à entendre que ces princes avaient ordonné la fête pour amener un horrible dénouement.

Au nombre des plus habiles imposteurs alors au service de tous les partis se trouvait un homme dont le nom ne nous est point inconnu, Jehan Carlier, et *Carlerius*, homonyme bien indigne de Gerson. Nous nous rappelons avec quelle ignominie il avait été renvoyé du collège de Navarre. Ce châtiment, au lieu d'être pour lui une ineffaçable leçon, l'avait rendu furieux, et il s'était précipité la tête la première, c'est-à-dire en faisant abnégation de toute raison, dans la mauvaise voie où il marchait à pas de géant.

Qui s'en étonnerait? Il allait en avant par sa propre impulsion, mais aussi et surtout par celle des autres. Son caractère était d'une faiblesse déplorable, et c'est bien là ce qu'il y a de plus fatal pour un homme, surtout dans les jours de crise, où chacun peut être appelé par l'honneur ou la nécessité à prendre de graves résolutions; or, des résolutions, il était incapable d'en former;

mais il subissait celles des intrigants qui se servaient de lui en vivant de ce qui restait dans sa bourse. Depuis qu'il avait quitté le collège de Navarre, il n'avait point cessé d'être étudiant de nom, bien entendu, et seulement pour jouir des priviléges énormes dont les écoliers jouissaient et abusaient souvent d'une manière odieuse; mais il ne tenait à aucun collège, et usait de sa liberté pour ne rien faire, ne jamais paraître aux écoles, et perdre dans les excès, avec ses camarades de paresse, toute volonté, toute dignité, toute raison.

Il ne faisait même aucune difficulté de se mêler aux plus bas plaisirs de la populace, et c'est là qu'il était dangereux; car, en parlant le langage des hommes grossiers auxquels il aimait à se mêler, il exerçait sur eux une influence funeste, à l'aide des études imparfaites qui le rendaient pourtant supérieur à eux par l'intelligence. Un des lieux où il trouvait le plus d'oreilles prêtes à l'écouter, le plus de bras disposés à le servir dans les tapages populaires, c'était la cour des Miracles, ainsi nommée parce que les truands qui y logeaient en foule, boiteux, aveugles ou manchots pendant le jour pour émouvoir par des douleurs feintes la pitié des passants, redevenaient le soir, comme par miracle, lestes, clairvoyants et bien dispos. C'était parmi ces mendiants que Carlerius allait recruter ses escouades de tapageurs.

Un autre personnage que nous avons déjà vu était aussi un des potentats de la cour des Miracles. Gerson ne s'était point trompé lorsqu'il avait cru apercevoir un visage connu parmi les visages hideux de ces truands qui profitaient du trouble et du désordre pour dépouiller les cadavres ou les mourants. Oui, c'était bien Marcel. Arrêté à la suite de la momerie des Ardents, il avait été jeté dans un cachot. C'est pourquoi *Johannes Carlerius* ne l'avait pas retrouvé à son poste ordinaire de la cour des Miracles; et il le regretta de tout son cœur, car Marcel était un bon soldat d'émeutes.

Comme on le voit, l'union qu'Élisabeth le Charlier et tout le bourg de Barby virent commencer sous de si beaux auspices, cette union qui eût rendu si heureuse la vieillesse de la Guyote, n'avait pas été de longue durée. Marie n'était pas depuis un an la femme de Marcel, lorsqu'il rencontra à Reims, à Rethel, les jours de marché, quelques-uns de ses anciens camarades de désordre et de mauvaise conduite. A peine l'eurent-ils retrouvé, qu'ils se mirent à l'œuvre pour l'attirer à eux, en lui montrant Paris comme une source de plaisirs et de richesses. « Viens, viens! un homme comme toi n'est pas fait pour languir dans une campagne. Viens avec nous à Paris : nous deviendrons riches, nous nous amuserons. » Marcel résistait à leurs instances, et eux alors de lui dire, en lui riant au nez : « C'est que tu as peur de ta femme et de ta mère. » Et lui, il avait honte alors, comme si l'on devait jamais rougir d'avoir peur de faire mal et de causer du chagrin, surtout à sa mère, à sa femme dévouée!

Que la fausse honte a produit de criminels! C'est la fausse honte qui perdit Marcel en le rendant inflexible, inaccessible aux prières de Marie et de la Guyote. Il leur avait déclaré qu'il voulait aller s'établir à Paris, parce que c'est là seulement qu'on pouvait s'enrichir. Ce fut en vain que sa mère et sa femme lui dirent : « N'avons-nous pas tout ce qu'il nous faut ici? Manques-tu de travail? Ne sommes-nous pas toujours occupés? Tu aurais le courage d'abandonner encore ton pays..., ta pauvre mère! » Rien ne le toucha; et Marie, voyant qu'elle ne pouvait le fléchir, se résigna à le suivre, afin de pouvoir le ramener bientôt.

C'est par des paroles d'espérance qu'elle essaya de rendre un peu de courage à la Guyote, qui d'un œil désolé les regardait s'éloigner et partir pour la grande ville. Ainsi la pauvre femme retombait dans son isolement, dans ses anxiétés, dans sa misère. Cette dernière affliction n'était pas incurable : la famille de Gerson, le seigneur du château et messire Anselme étaient toujours prêts à la soulager; mais le chagrin, mais les dévorantes inquiétudes, qui pouvait les apaiser ? Les douces paroles d'Anselme et d'Élisabeth n'avaient même pas cette puissance, et la malheureuse femme dépérissait à vue d'œil : ce fut au point que vers la fin de 1382, un an environ après le départ de Marie et de Marcel, Élisabeth écrivit à Paris que la Guyote était dans le plus grand péril.

Marcel ne fut point touché par cette nouvelle, qui aurait dû le sauver en le rappelant près de sa mère; mais il était plus que jamais livré aux ignobles excès de la cour des Miracles, où il dépensait ce que sa femme gagnait par le travail de ses mains pour nourrir elle, sa petite fille, à peine sevrée, et Médéric, âgé de deux ans et demi. « Comment, Marcel ! lui dit-elle en le priant, pour ainsi dire, à deux genoux, comment ! laisseras-tu donc mourir ta mère sans lui demander son pardon ! Je t'en prie, viens avec moi pour que je puisse t'aimer encore… Que la bénédiction de ta mère mourante s'étende sur nous deux ! Faudra-t-il que je parte seule ? » Il allait enfin s'attendrir, lorsqu'un de ses camarades entra pour l'emmener à une partie de débauche projetée la veille. Il oublia tout alors, et Marie ayant insisté pour l'entraîner avec elle, il repoussa avec colère ses touchantes instances.

Elle partit donc pour le pays seule, ses deux enfants entre ses bras. La présence de Marie et de ces petites créatures fit à la Guyote un bien infini, que sa belle-fille se garda bien de détruire en lui parlant de la conduite de Marcel ; et la pauvre convalescente disait souvent : « M'a-t-il fait du chagrin ! Tout est fini, il faut l'espérer ! J'aurais bien voulu le voir ; mais avoir là ses deux enfants, c'est comme si je le pressais sur mon cœur ! » Et elle embrassait avec bonheur Médéric et Ursule.

La santé lui revenait donc de jour en jour, parce qu'elle était contente. Il n'en était point ainsi de Marie, car plus les jours s'accumulaient, plus la gagnait l'inquiétude; et ce tourment était d'autant plus dévorant, qu'elle n'en voulait rien laisser paraître. Bien des fois déjà elle avait parlé de partir; mais on était au fort de l'hiver. « Attends que la saison soit moins rude pour te mettre en route, lui disait la Guyote; attends que les jours soient plus longs. » Et par ses instances la bonne vieille l'avait retenue jusqu'à la fin d'avril, lorsqu'un jour Marie reçut une lettre écrite d'une main inconnue.

Cette lettre n'était pas de Marcel, puisqu'il ne savait pas écrire, mais elle avait été écrite en son nom. Elle était datée du Châtelet, où il était aux fers depuis quatre mois, et un camarade de prison annonçait cette nouvelle à Marie en la priant d'envoyer de l'argent. Elle eut la force de ne rien révéler à la Guyote, quoique cette lettre l'eût frappée comme la foudre; elle dit seulement à sa belle-mère que son devoir la rappelait près de Marcel, qui la redemandait, et qu'elle viendrait la revoir lorsqu'elle le pourrait. La Guyote la supplia alors à mains jointes de ne pas lui enlever tout son bonheur à la fois, et de lui laisser Médéric et Ursule, dont elle promit d'avoir soin comme une grand'mère. Ursule était sevrée, Médéric d'une santé délicate, la Guyote retomberait malade si elle était privée de ses petits-enfants; Marie fit ses réflexions, et se sacrifia pour sa bienfaitrice et aussi pour le bien de Médéric et d'Ursule, à qui la campagne ne pouvait qu'être salutaire. Elle rentra donc seule à Paris, et tout aussitôt courut au Petit-Châtelet, où elle trouva Marcel au fond d'un cachot dans lequel il devait passer six ans. Il avait été pris au milieu d'une bande de truands et de malfaiteurs pendant la nuit du bal de l'hôtel de la Reine-Blanche; mais on n'avait pu le convaincre de vol : c'est ce qui lui sauva la vie. Il était donc puni avec cette sévérité pour avoir été en mauvaise compagnie, et puis l'on découvrit qu'il avait fait partie des maillotins. La justice n'oublie rien; elle est comme la conscience, l'arrêt du Châtelet l'apprit à Marcel.

C'est là, entre les quatre murs sombres et froids de la prison, qu'il comprit réellement quel ange c'était que Marie. A peine lui fit-elle des reproches, comme elle en aurait eu le droit. Il lui suffit de le voir affligé pour prendre compassion de lui. A présent qu'il était dans l'impuissance de retourner dans son pays, il ne pensait plus qu'à y rentrer, qu'à revoir sa mère, à obtenir sa grâce et à travailler pour ses vieux jours. Il se repentait lorsqu'il était trop tard, ainsi qu'il n'arrive que trop souvent. Avec quel accent de reconnaissance il remerciait Marie lorsque, après lui avoir fait une lecture pieuse et lui avoir tenu compagnie tout le jour en travaillant, elle le quittait à l'heure du couvre-feu, non pour aller dormir, mais pour aller travailler encore une partie de la nuit, afin d'adoucir le sort de Marcel! Jamais elle n'arrivait le matin sans lui apporter, soit un peu de vin, soit du pain blanc pour servir de dessert à son repas de pain noir; et, s'il était malade, elle sollicitait comme un bienfait la faveur de passer près de son grabat les heures qu'elle aurait eu si grand besoin de consacrer au sommeil.

Marcel aurait à peine senti le poids de ses fers si Marie lui eût tous les jours amené ses enfants.

Ces créatures chéries manquaient plus encore à la pauvre mère qu'à Marcel. Elle avait tant besoin de consolation! mais, d'un autre côté, il y avait dans la pensée d'amener ces êtres purs au milieu d'un séjour de corruption et de crime, quelque chose qui lui causait une vive répugnance. Elle les savait à la campagne bien portants, heureux; elle avait tous les huit jours de leurs nouvelles, et, en songeant au bien que faisait leur présence à la Guyote, elle prenait patience, elle faisait prendre patience à Marcel.

Deux ans et demi s'étaient écoulés au milieu de ces privations et de ces constants devoirs que Marie s'imposait; mais elle ne pensait plus qu'à ses enfants, elle ne rêvait plus que d'eux. Cette ardente préoccupation ne fit que s'accroître à partir du 3 novembre, jour de la Saint-Marcel, fête du bourg de Barby, fête qu'elle célébra bien tristement avec Marcel entre les murs du Châtelet. C'est que depuis cette époque elle n'avait pas reçu la lettre accoutumée, qui du moins l'entretenait d'Ursule et de Médéric. Une quinzaine s'était encore écoulée, et toujours absence complète de nouvelles!

Marcel, la voyant dans ces tortures, qu'il partageait, la suppliait de partir pour aller chercher Ursule et Médéric, mais elle n'osait le quitter; elle voyait de quel secours elle était pour lui. Elle le gardait contre l'ennui, le désespoir, peut-être contre le retour de mauvaises pensées. Plus d'une fois elle l'avait entendu former des projets d'évasion, *malgré tous les obstacles;* et lorsqu'il prononçait ces mots, ses yeux prenaient des regards sombres, et Marie comprenait que plus que jamais il avait besoin d'un ange gardien près de lui.

Mais pourtant, lorsque le soir elle rentrait dans sa pauvre chambre, elle ne pensait plus qu'à ses enfants : c'était un besoin de les voir, de les embrasser, une soif ardente, impérieuse, et qui devint irrésistible.

---

# IX

## LA SAINT-MARCEL

> Dieu refuse quelquefois les prières de l'âme
> pour la rendre plus attachée aux biens qu'elle
> reçoit de lui, comme la mère souffre que son
> enfant crie après elle quand il l'a perdue, afin
> qu'une autre fois il se garde de la perdre et
> que plus soigneusement il soit près d'elle.
> *Traité de la mendicité spirituelle.*
> GERSON.

Le 3 novembre 1395, il y avait un grand mouvement et joyeuses allées et venues sur tout le territoire de la paroisse de Barby. C'était le jour de la fête patronale et de la foire annuelle, qui attiraient tous les habitants des environs. Ce jour de réjouissances était bien souvent brumeux, froid, gâté par la pluie; mais lorsque, par hasard, il venait beau et éclairé par un ciel pur, on ne l'en chômait que plus joyeusement. Or la *Saint-Marcel* de 1395 fut une de ces heureuses exceptions. Dès huit heures, le soleil avait dispersé, en se levant, les brumes de la nuit, et n'avait laissé dans l'air que cette gaze de blanchâtre vapeur qui voile si suavement ses rayons. De toutes parts, sur la prairie où devait se tenir la foire, arrivaient des marchands, les uns conduisant leurs bestiaux, les autres menant par la bride les ânes, mulets ou chevaux qui portaient leurs marchandises ; ceux-ci poussaient devant eux des barriques de vin, ceux-là étalaient des comestibles de toutes sortes. Plus loin se déployaient les boutiques des *bimbelotiers, dorlotiers* et marchands de jouets d'enfants, à côté des tréteaux que l'on dressait pour les confrères de la Passion venant de Reims.

Médéric et Ursule voyaient de loin tous ces préparatifs ; ils entendaient aussi le son des tambourins, des flûtes, des trompettes commençant leur discordante harmonie, et nos deux enfants tourmentaient à qui mieux mieux la Guyote pour qu'elle les conduisît à la foire ; mais ils n'étaient pas encore arrivés à ce bienheureux moment, attendu d'abord que leur grand'mère endossait avec une soigneuse lenteur ses plus beaux atours, et ensuite qu'il était un appel auquel il fallait obéir avant tout, l'appel du clocher, l'appel du joyeux carillon qui dansait dans les airs.

Il était midi quand l'impatience d'Ursule et de Médéric put être enfin satisfaite, et la Guyote les conduisit sur la prairie, où se confondaient, dans un réjouissant tumulte, les chants, les cris de joie, les sons d'instruments, les mugissements des bœufs exposés en vente, les bêlements des moutons, les retentissantes voix des marchands qui annonçaient leurs marchandises, et des jongleurs qui démontraient les tableaux de leurs spectacles de curiosités.

C'était une foule animée au plus haut point, une cohue toujours croissante, et de toutes parts un perpétuel échange de *bonjour*, de *Dieu vous garde!* car tout le monde se connaissait. « Comme Médéric et Ursule sont beaux! » disait chacun à la Guyote en passant près d'elle ; et l'on avait raison : Ursule avec sa cotte blanche enjolivée de passementeries roses, et Médéric avec son surcot de tiretaine bleue, brillaient parmi tous les enfants du bourg. C'était là l'orgueil de la Guyote ; et les couvant des yeux :

« Mes enfants, leur disait-elle à chaque pas, tenez-moi bien par mon cotillon, et prenez garde de me perdre dans cette foule. »

Ils ne semblaient pas faire grand compte des recommandations, et, pétulants à l'envi, dès qu'ils pouvaient lâcher la main ou la jupe de la Guyote sans qu'elle s'en aperçût, ils ne manquaient pas de s'aller glisser dans les groupes entassés, soit devant les pèlerins de Saint-Jacques de Compostelle qui racontaient en complaintes leur pénible voyage de Galice, soit autour de la sainte représentation de Notre-Dame de Lorette, dont un homme portant large chapeau, coquillages et bourdon, racontait la merveilleuse histoire.

« Malheureux enfants ! je vais vous reconduire à la maison, vous ne verrez plus rien, » leur disait alors la Guyote ; mais elle ne pouvait résister à un regard suppliant, et ne les emmenait pas moins de curiosités en curiosités. Le temps passe vite au milieu d'un mouvement comme celui que présentait la foire de Barby, et deux heures venaient de sonner, quand un grand éclat de trompettes, de cymbales, de tambours, appela tout le monde du côté des tréteaux sur lesquels les confrères de la Passion devaient représenter leur mystère. La masse des spectateurs se porta vers eux, et il n'en resta qu'un petit nombre autour des vagabonds et des jongleurs vêtus de haillons et d'oripeaux. Ces gens faisaient des tours de force incroyables, ou bien ils disaient la bonne aventure aux dupes auxquelles ils avaient eu l'art de faire dire d'abord l'aventure qui leur ferait plaisir. Ce spectacle avait captivé l'attention d'Ursule et de Médéric, sans doute à cause de quelques enfants chamarrés de paillettes. S'ils avaient su combien, sous cet éclat menteur, ces pauvres petits êtres étaient malheureux, au lieu de regards de curiosité ils n'auraient eu pour eux que des regards de compassion.

Quant à la Guyote, elle aimait bien mieux admirer le mystère, et elle emmena Ursule et Médéric du côté des tréteaux; on y représentait en ce moment *la Grande Cruauté d'Hérode et le Massacre des Innocents*. Cette scène terrible leur fit entièrement oublier les faiseurs de tours; puis l'adoration de la crèche et les trois rois attirèrent encore assez vivement leur attention. Mais un son de trompe s'étant fait entendre, ils tournèrent la tête, et que virent-ils? Tous ces enfants en broderies, en oripeaux, en paillettes, debout les uns sur les épaules des autres, et formant à eux six un formidable géant.

Quelle tentation ce fut, pour Médéric surtout ! Mais la Guyote leur serrait la main de toutes ses forces ; la foule était si épaisse, qu'elle frémissait à l'idée de les perdre ! Le saint mystère continuait cependant de la tenir dans une contemplation profonde. Ici c'était la Cène, là c'était la terrible veillée du jardin des Oliviers; à présent la trahison de Judas, puis le jugement ; enfin la croix venait de se dresser. Un grand jeune homme y fut attaché au milieu des vociférations des acteurs et aussi des spectateurs, qui prenaient à cœur cette représentation. Que fut-ce donc lorsqu'un des gardes, mettant sa lance en arrêt et la poussant avec vigueur, fit couler un flot de sang du flanc du crucifié !

On était trop vivement intéressé pour penser que cet effet était le résultat d'un moyen préparé d'avance, et un long cri s'éleva comme à l'aspect d'une action réelle. La Guyote surtout, saisie d'une émotion indicible, resta longtemps les mains tendues vers le ciel ; elle priait.

Le mystère se terminait ainsi. La foule commençait à se disperser, quand la Guyote, revenue à elle, abaissa ses mains avec terreur.

« Ursule ! Médéric ! » Elle poussa un long cri d'épouvante. Ils n'étaient plus près d'elle.

« Ursule ! Médéric ! Ursule ! Médéric ! » Cent voix s'élevèrent en même temps que celle de la Guyote. La malheureuse aïeule, la tête perdue, se mit à courir du côté des jongleurs et des bateleurs près desquels ses petits-enfants s'étaient arrêtés. Ces gens n'y étaient plus. Alors pâle, livide, éplorée, hors d'haleine, elle alla de groupe en groupe, mêlant ses appels déchirants aux bruits joyeux de la danse, aux rires que provoquaient les lazzis des bouffons, aux éclats de voix que faisaient entendre les adroits archers quand ils avaient réussi à abattre le papegai du haut de la perche d'où il semblait prêt à prendre son vol.

Les recherches de la Guyote étaient vaines, et la nuit arrivait. La pauvre femme tombait épuisée de lassitude, de douleur, et c'était une grand'pitié de la voir pleurer à chaudes larmes. Les paysans, les amis, les voisins, au lieu de s'amuser, passèrent toute la nuit à courir, des torches à la main, dans les campagnes, dans les sentiers des bois de Barby ; mais le matin ils ne ramenèrent personne à la Guyote, qui avait été sans repos, errant de maison en maison, en proie à une fièvre dévorante. Il fallut bientôt qu'elle se mît au lit, et son mal s'accroissait toujours ; car toujours elle pensait à ces malheureux enfants égarés, toujours à cette malheureuse mère à qui il faudrait apprendre une si épouvantable catastrophe. Huit jours, quinze jours s'écoulèrent dans ces angoisses, et personne n'avait eu le courage d'écrire à Marie pour lui porter ce coup affreux.

Élisabeth le Charlier allait cependant essayer de trouver assez de force pour remplir ce devoir, et un matin elle était au chevet de la Guyote à s'entretenir de ces tristes choses, lorsque la porte s'ouvrit toute grande. Marie entrait souriante et heureuse, elle venait voir et chercher ses enfants.

La Guyote, dès qu'elle a vu apparaître Marie, s'est jetée hors de son lit ; elle tombe à genoux, elle couvre de pleurs les mains de la malheureuse mère.

« Mes enfants ! mes enfants ! je ne les vois pas, s'écria Marie...; où sont-ils ? Est-ce qu'ils sont malades ?

— Non, non, lui répondit Élisabeth.

— Où sont-ils donc, mon Dieu ?

— Dieu le sait... Ayez confiance en Dieu, il vous les fera retrouver. »

Marie comprit enfin que ses enfants étaient perdus; alors, tombant dans une douleur qui allait jusqu'à la démence, elle se précipita vers la porte, et, sans dire un mot à la Guyote, à Élisabeth, à qui que ce fût, elle s'élança vers le bois; elle en parcourut sans repos tous les fourrés, tous les taillis; puis, s'éloignant du bourg, elle erra comme une folle sur les bords de l'Aisne et du ruisseau du Moulinet. De quel regard de désespoir elle sondait les eaux! Mais elles étaient limpides, et elle ne vit que des cailloux luisant au soleil.

Tout le jour elle courut ainsi de village en village, demandant si l'on avait vu ses enfants, un petit garçon, une petite fille; et le soir, arrivée aux portes de Rethel, elle apprit enfin d'un habitant, alors à la promenade, qu'il avait vu, il y avait trois semaines, le lendemain de la fête de Barby, une bande de mendiants parmi lesquels une femme conduisait ou portait une petite fille, un petit garçon. Ils les avaient frappés, tant ils pleuraient.

« Ils pleuraient!... ils pleuraient!... Et de quel côté allait cette troupe horrible? » Marie fit cette question avec un tel accent de fureur, que le bon bourgeois de Rethel sauta en arrière, et lui marqua du doigt le côté de l'Argonne. Alors, et sans que les ténèbres l'arrêtassent, elle se dirigea vers ce pittoresque pays de forêts et de vallons. Un mois, deux mois, dormant dans les fossés, se nourrissant de racines et de fruits sauvages, elle erra à travers ces bois immenses, cherchant partout ses enfants et leurs ravisseurs. Elle était seule ; mais elle les aurait pris, quel que fût leur nombre. Elle sentait qu'elle serait si forte pour ravoir ses enfants ! De l'Argonne elle s'enfonça dans les Ardennes ; puis seule toujours elle parcourut tous les villages du Barrois, les campagnes de la Brie, sans rien apprendre sur le sort d'Ursule et de Médéric, et enfin rentra dans Paris au comble du désespoir. Sa douleur eût peut-être été moins extrême s'ils fussent morts, morts innocents pour être emportés au ciel par les anges ; mais les savoir entre les mains de mendiants qui sans aucun doute se servaient d'eux pour exciter la pitié publique, les savoir captifs de truands qui leur donneraient leurs mœurs détestables, les pervertiraient et perdraient leur âme, c'était affreux à penser.

Un jour elle passait devant le Châtelet, l'œil errant, hagard, marchant machinalement, comme une insensée, là où elle ne pouvait rien espérer, lorsqu'un éclair brilla sous sa paupière. L'aspect du redoutable édifice lui rappela enfin Marcel, Marcel, auquel elle n'avait pas songé depuis son départ ! Elle se présenta pour le voir, pour pleurer avec lui ; les guichetiers l'arrêtèrent sur le seuil et la regardant d'un air triste, car ils la connaissaient et l'aimaient, ils lui dirent en hésitant que son mari était au secret, et qu'on ne pouvait admettre personne près de lui. Le lendemain elle vint encore, on lui fit la même réponse ; le jour suivant ce fut de même. Alors, ne pouvant plus remplir un saint devoir qui l'eût soutenue et fortifiée, elle retomba tout entière dans sa douleur, tout entière dans la pensée de la perte qu'elle avait faite, et que Dieu seul pouvait réparer en lui rendant ses enfants. C'est pour obtenir cette grâce qu'elle fut dès lors sans cesse en prière dans une chapelle de Saint-Jean-en-Grève, sa paroisse.

Elle ignorait ce qui s'était passé pendant son absence. Son départ avait été funeste à Marcel ; les mauvaises pensées dont elle était le frein avaient promptement germé en son esprit : il avait tenté de s'évader ; un gardien accouru pour l'arrêter était tombé mort sous un coup assené avec une pierre arrachée aux murs de la prison, et Marcel attendait d'un jour à l'autre son jugement, qui ne pouvait avoir qu'une effroyable issue.

## X

### LE CHANCELIER DE L'ÉGLISE ET DE L'UNIVERSITÉ

> O toi qui ne meurs pas, aie pitié de celui qui meurt.
> *Paroles de* YEZDEGERD, *roi de Perse.*

Si la douleur était dans la chaumière de la Guyote, tout, au contraire, était joie et bonheur dans la famille le Charlier. Gerson causait à son père, à sa mère, à messire Anselme un grand et légitime orgueil. Il avait eu l'honneur de prêcher devant la cour à Saint-Germain-des-Prés. Le nom de l'homme déjà célèbre avait bien des fois retenti avec gloire sous les ombrages de l'humble hameau, et, en 1396, une grande nouvelle s'y répandit : Gerson venait d'être nommé chancelier de l'Église et de l'Université.

Ces doubles fonctions, réunies dans un seul homme, consacraient l'alliance indispensable de la religion et de la morale. Gerson, déjà aumônier du duc de Bourgogne, son protecteur, et chanoine de Notre-Dame, avait été appelé à ce poste important de chancelier en remplacement de Pierre d'Ailly, son ami.

Chargé de la direction suprême de l'éducation et de l'instruction de tous, il se livra tout aussitôt à ces hautes obligations avec le zèle et la conscience qu'il porta toujours dans tous ses travaux. Ceux qu'il accomplissait actuellement étaient d'une telle importance ! Ce n'était plus son cœur, son intelligence, son âme seule qu'il avait à former; des milliers d'intelligences et d'âmes étaient confiées à ses soins, et il ne prenait plus un instant de repos devant cette responsabilité immense envers le Ciel et les hommes.

S'il suspendait quelques instants ses travaux, c'était pour écrire à ses parents, à ses amis, pour faire entendre du haut de la chaire la parole de Dieu au peuple, qui accourait à ses sermons, ou bien pour se livrer à quelque grande œuvre de charité; et parmi toutes la première, la plus impérissable, c'est celle qu'il accomplit en obtenant de

Charles VI un édit qui donnait désormais aux condamnés à mort un bras sur lequel ils pourraient s'appuyer jusqu'au lieu du supplice, une douce main pour essuyer leurs larmes, un prêtre pour les bénir et leur montrer le ciel.

Et ces fonctions aussi redoutables que saintes, il avait sollicité la grâce de les remplir le premier. Or dès le lendemain même il allait avoir à exhorter un malheureux.

Une foule immense couvrait déjà depuis longtemps la Grève, et le ciel sombre et gris s'étendait sur la place comme une immense tenture de deuil. Déjà la cloche de l'église Saint-Jean-en-Grève tintait lentement ; et bientôt l'horloge du collège de Navarre avertit Gerson qu'il devait se diriger vers Saint-Jean. Il avait jusqu'alors été en prière. Il se leva, plus tremblant, plus éperdu que ne devait l'être le condamné, prit un livre au hasard et sortit. Ses genoux vacillaient ; la tête lui tournait, et il eut besoin, pour retrouver ses forces, de songer à la grandeur de l'œuvre qu'il allait accomplir.

« Tenez ! tenez ! dit un homme de la foule entassée sur la place, avez-vous vu ce prêtre qui vient d'entrer dans l'église ? c'est maître

Jehan Gerson. Voilà un docteur ! et qui prêche bien !

— On m'a dit tout à l'heure qu'il allait consoler le malheureux qui approche.

— Malheureux ! Un voleur, un assassin, un misérable que l'on a vu, dans l'*hostel* de Saint-Marcel, pillant, la nuit même de la momerie des Ardents.

— Et qui de plus a presque assommé mon cousin le collecteur le jour des maillotins. On a su tout cela au procès.

— De quel pays est-il ?

— Du côté de Reims.

— Ah ! et il laisse une famille ?

— Je le crois bien ! Une femme, deux enfants !

— Pauvres petits êtres !... »

Une longue rumeur coupa la parole à la bonne commère qui parlait alors. Le misérable était déjà au milieu du pont aux Changeurs, et l'exclamation qui s'était élevée au moment de sa sortie du Petit-Châtelet se prolongeait, à mesure qu'il avançait lentement. Elle avait pénétré jusque dans la sombre chapelle où Gerson, le cœur palpitant, attendait au fond d'un confessionnal. L'église était presque déserte, car on avait dès le matin veillé à ce que la foule n'y pût pénétrer. L'on n'y voyait que quelques femmes agenouillées au fond des chapelles latérales, devenues pour elles en quelque sorte autant de *reclusoirs* d'où elles ne sortaient que le moins possible.

Or parmi ces femmes il en était une, retirée dans la chapelle la plus reculée, une femme jeune, mais pâle, décolorée, flétrie par le chagrin. C'était Marie.

Comme on le voit, cette pauvre femme, n'espérant plus que dans des prières continuelles, passait à Saint-Jean-en-Grève, sa paroisse, toutes les heures que lui laissait libre le travail destiné à la nourrir, et surtout à lui donner le moyen d'envoyer quelque argent à sa belle-mère. Ce matin, Marie n'avait aucune occupation en ville; elle était donc prosternée sur les dalles de la chapelle, implorant la pitié de Dieu pour elle, pour ses enfants surtout, s'ils vivaient encore; et, absorbée dans ses supplications, elle n'entendait aucun des bruits de ce monde. Sourde à tout ce qui n'était point prière et voix intérieure, elle restait étrangère à ce qui se passait de douloureux à l'autre extrémité de l'église.

Quel saisissement éprouva Gerson quand il entendit une porte crier lentement sur ses gonds, et retomber ensuite lourdement en produisant dans la nef et les ailes de l'église un retentissement semblable à celui d'un coup de tonnerre lointain ! Le condamné venait d'entrer sous l'escorte de quatre hommes, et le bruit du dehors annonçait combien on avait de peine à empêcher la foule de le suivre dans son dernier lieu de prière. Gerson écoutait avec un trouble toujours croissant la marche cadencée des soldats. Ils approchaient de plus en plus, s'arrêtèrent enfin sur le seuil de la chapelle, et, après quelques pas traînants, faibles, mal assurés, le pénitent vint tomber plutôt qu'il ne s'agenouilla dans le confessionnal.

Les mystères qui s'y accomplirent, ceux qui s'y révélèrent, ne sont connus que de Dieu, du prêtre, du condamné ; seulement on apprit plus tard des archers que Gerson, lorsqu'il sortit de son tribunal de miséricorde, était pâle, défait autant que celui qu'il venait d'exhorter à la mort. Il n'est personne qui n'eût, à une telle heure, éprouvé un trouble violent... Celui de Gerson était extrême et ne faisait que s'accroître à chaque instant. Livré à de poignantes angoisses, le confesseur se disait qu'il devait tenter un dernier effort pour conserver la vie au malheureux, et, bien qu'il eût peu d'espoir d'obtenir cette grâce, il se décida à courir au palais pour s'efforcer de fléchir le roi ou ses régents.

« Courage, mon frère ! dit-il au condamné. Je reviens bientôt ; je ne vous abandonne pas. En m'attendant, lisez quelques prières. » Le livre que Gerson venait de lui remettre s'ouvrit comme de lui-même, et tout à coup les yeux égarés du misérable se remplirent de larmes si abondantes, qu'elles coulaient sur les feuillets qu'il couvrait de baisers. Les archers en étaient émus.

Ils furent bientôt détournés de la contemplation où les tenait cette scène aussi attendrissante que mystérieuse par un bruit qui se faisait dans le bas de l'église, et l'un d'eux se détacha pour aller voir ce dont il s'agissait. C'est que dans la foule les archers de service sur la place avaient arrêté une bande de truands, et au milieu d'eux un petit garçon et une petite fille. Voyant ces enfants si jeunes et qui les regardaient d'un air suppliant, ils avaient interrogé les truands sur l'origine de ces pauvres petits êtres, et découvert ainsi ce qu'ils soupçonnaient, que l'un et l'autre avaient été enlevés par eux pour leur servir à exciter la pitié publique. Alors les gardes, au lieu de conduire les innocents dans une infâme prison, les firent entrer dans l'église pour que quelque bonne âme les recueillît en venant prier. Or ces enfants, à peine furent-ils libres, qu'ils se mirent à courir sous les sombres ailes, et ils approchaient à petits pas de la chapelle du condamné.

En ce moment, celui-ci demandait aux gardes pourquoi le confesseur l'avait quitté, et ils allaient lui répondre ce qu'ils supposaient, lorsqu'il poussa un cri de joie ; il ne les écoutait plus. « Mes enfants !... Médéric, Ursule !... Les voilà ! comment êtes-vous ici ? Où est votre mère ? » Et il voulait tendre les bras. Il était enchaîné ! Alors les gardes lui présentèrent tour à tour ces petits anges qui ne le reconnaissaient pas, mais qui avaient été si maltraités, si malheureux, si privés de caresses, qu'ils recevaient les siennes avec joie, lui entourant la tête et le cou avec leurs petits bras, l'embrassant parce qu'il les embrassait, pleurant parce qu'il répandait des larmes.

« C'est bien long, se disaient de toutes parts des voix rauques sur la place.— Quatre heures vont sonner !

— Qu'est-ce que cela veut dire ?

— Je ne sais pas, mes amis ; mais on dit que messire Gerson est allé au palais. — Pourquoi cela ?... » C'est Johan Carlier, *Johannes Carlerius*, bien digne spectateur d'un tel spectacle, qui parlait ainsi, et pour mécontenter la foule il donnait à entendre, il disait même tout nettement que le coupable avait des protections à la cour, et qu'on lui ferait grâce. Oh ! l'on voit à présent qu'il savait à merveille son métier d'agitateur.

Ce conte circulait dans le peuple, l'irritait ; car rien ne nous soulève comme une injustice. Ah ! si cette foule égarée eût pu voir en ce moment Gerson sortir, abattu, désolé, du palais Saint-Paul ! Ainsi qu'il le redoutait en s'y rendant, il n'avait rien pu obtenir ; il fallait donc briser une dernière espérance qu'il avait sans doute fait naître dans le cœur du malheureux ! On était venu lui annoncer que les murmures de la foule grondaient de plus en plus menaçants, et qu'il n'y avait pas un instant à perdre. Il traversa donc à la hâte la sacristie, et quel fut son étonnement, lorsqu'en approchant de la chapelle il aperçut le condamné couvrant de caresses les deux enfants que lui

« Après Dieu, je serai leur protecteur. »

tendaient les archers, et ne voyant rien autour de lui, tant il était absorbé par ces adieux, tant ces chevelures blondes jetaient un voile épais sur ses cheveux presque blancs, sur ses yeux pleins de larmes!

Les archers purent même expliquer en quelques mots cette scène à Gerson, et tout aussitôt son regard s'animant sembla être le reflet d'une inspiration divine. Il avait enfin trouvé une consolation à donner, sinon au coupable, du moins au père; et prenant le petit garçon, la petite fille dans ses bras:

« Mon frère, lui dit-il d'une voix entrecoupée par les sanglots, j'avais espéré pouvoir vous venir en aide, je me l'étais promis. Cette promesse, je l'accomplirai dans vos enfants. Après Dieu, je serai leur protecteur. Embrassez-les, ils ne seront pas orphelins.

— Grâces, grâces vous soient rendues! » Ce malheureux n'en put dire davantage. Il craignait de perdre un seul des instants qui lui restaient pour embrasser ses enfants.

Enfin Gerson donna le funèbre signal, après avoir placé les enfants au fond d'une chapelle; mais il avait à peine fait quelques pas qu'il entendit derrière lui un bruit léger. C'était la marche d'Ursule, la petite fille, qui suivait cet homme, qu'elle aimait parce qu'il l'avait embrassée. Il fallut s'arrêter pour la faire rentrer dans la chapelle, et le triste cortège des quatre archers, entourant le condamné, que Gerson soutenait, tout chancelant lui-même, reprit le chemin du portail de l'église. Que de fois le misérable qui allait mourir tourna vers les enfants un regard désolé !

De nouveau les battants du portail crièrent sur leurs gonds, de nouveau ils retombèrent avec un retentissement lugubre, puis la foule poussa une acclamation qui eût fait croire qu'un roi paraissait.

Gerson lança sur le peuple un regard de vertueuse indignation, et le silence succéda pour n'être interrompu que par le *Salve regina*, s'élevant en chœur du fond de la foule tout entière agenouillée. Le chant allait cesser, lorsque le condamné, qui jusqu'alors avait tenu ouvert entre ses mains le livre que Gerson lui avait donné, le lui rendit en disant :

« *Celui qui outrage sa mère et insulte à l'image de Dieu, quelle sera sa vie et sa mort ?* C'est ce que messire Anselme a écrit sur ce feuillet déchiré. Cette formidable question, voilà le moment d'y répondre : ô ma mère ! ô mon Dieu ! »

Gerson s'aperçut alors avec un ineffable frémissement que Marcel avait fait sa dernière prière sur le livre de messire Anselme. Alors le patient, le confesseur s'embrassèrent, et les mille voix de l'hymne funèbre tombèrent comme les derniers bruits du vent qui meurt.

Pendant ce temps, une scène bien différente se passait dans l'église : pendant qu'Ursule, triste de ce qu'on l'avait séparée du malheureux, pleurait, assise sur les marches de l'autel, Médéric, à force d'aller de pilier en pilier, arriva jusqu'à la chapelle au fond de laquelle était prosternée Marie. Cette attitude de recueillement, d'adoration, d'anéantissement, excita l'enfantine curiosité de Médéric, et, après avoir longtemps erré de droite, de gauche, en piétinant le plus fort qu'il pouvait pour se faire entendre, il prit le parti de franchir, avec des enjambées aussi longues que possible, la première, la seconde, la dernière marche de la chapelle. Il y entra, et recommença, tout auprès de Marie, ses curieuses allées et venues.

Enfin elle leva la tête, et se retourna. Elle avait entendu un enfant.

Quel cri de joie elle poussa : « Médéric!

mon Médéric! O mon Dieu, je vous remercie! » Et en couvrant son petit Médéric d'insatiables caresses elle poussait les plus tendres exclamations. L'hommage qu'elle rendait à haute voix à la Divinité, c'était l'alléluia de sa longue prière. Pendant qu'elle embrassait ainsi Médéric, son regard était autre part encore, il cherchait de tous les côtés Ursule. La petite fille était accourue au bruit des baisers maternels, et bientôt Marie tint sur son cœur la sœur et le le frère.

Gerson, frissonnant, hors d'haleine, rentrait alors sous les sombres voûtes de l'église, quand il entendit ces cris de bonheur, quand il aperçut le groupe touchant de la mère et des enfants embrassés. Il ne savait pas encore quelle était cette femme, lorsqu'une voix le fit tressaillir. Il avait reconnu Marie.

Elle venait aussi de le reconnaître.

« O Messire, Dieu soit loué! Dieu soit loué! Il me rend mes enfants. — Oui, Dieu soit loué, répéta Gerson avec une émotion inexprimable. Ils ont encore leur mère!... Votre fille ne vous quittera jamais... Quant à Médéric, je l'adopte devant l'autel. »

Et tous deux ils tombèrent à genoux.

# XI

## LES PREMIÈRES ANNÉES

> Élisabeth la Chardinière,
> Qui fin belle eut et vie entière,
> A Arnaud le Charlier épouse,
> Auxquels enfants ont été douze,
> Devant cet huis fut enterrée
> Mille quatre cent et un l'année ;
> Étant de juin le jour huitime (*huitième*).
> Dieu lui donne gloire sanctime (*très sainte*).
>
> *Épitaphe de la mère de Gerson,
> dans l'église de Barby.*

Marie, tout entière à la joie d'avoir retrouvé ses enfants, n'avait encore eu de pensée que pour eux, lorsque le nom de la Guyote prononcé par Gerson la fit tressaillir.

« O ma pauvre bonne mère !... et Marcel !... Que je coure le voir à sa prison..., lui faire embrasser ses enfants... Il est enfermé,

Messire, ne le savez-vous pas? Ne pourriez-vous me faire pénétrer jusqu'à lui? On m'a repoussée...; mais vous..., vous êtes si puissant, Messire, que vous pourrez bien obtenir du roi la grâce de Marcel, et nous irons bien vite au pays consoler notre pauvre mère, en nous pressant tous autour d'elle. »

En ce moment quelques ouvriers pelletiers qui revenaient de la Grève se dirent à voix haute, en passant à côté de Marie : « Ce malheureux Marcel, le voilà délivré de tous maux; mais sa femme, ses enfants!... »

Marie frissonna à ce nom de Marcel, bien commun pourtant à cette époque; mais il n'y avait pour elle qu'un Marcel, le père de ses enfants.

« Marcel! Messire, Marcel! ont-ils dit... » Et elle tenait ses yeux pleins d'épouvante fixés sur Gerson.

« Pauvre Marie! répondit tristement le chancelier, hélas! pauvre Marie! »

Le ton morne et solennel dont ces paroles furent prononcées ne laissa plus aucun doute à la malheureuse femme.

« O mon Dieu! il est mort! mort sans une consolation, sans un adieu, seul... sur l'échafaud!...

— J'étais près de lui, Marie... A présent,

prions pour son âme, et retournez consoler votre mère. »

Longtemps anéantie, Marie resta sans dire un mot, sans faire la moindre attention à Médéric, à Ursule, qui lui racontaient leurs misères dans la bande des truands. — Enfin, arrivée avec le chancelier dans le modeste logement qu'elle occupait, elle donna un libre cours à ses larmes.

« Pauvres enfants! leur disait-elle en les embrassant, vous n'avez plus de père! Vous êtes orphelins. N'avoir plus de père... Être condamnés à rougir du nom de votre père, tel est votre sort. O Messire! Messire! comment pourrais-je jamais les reconduire au pays? On nous maudirait!... On nous chasserait, mon Dieu!

— Ne craignez rien, bonne Marie, vous calomniez vos frères. Vous êtes aimée et estimée d'eux. Chacun honorera en vous une mère, une épouse dévouée. Nul n'imprimera à ces enfants la flétrissure de leur père. Sa mémoire, ils la réhabiliteront. Je veillerai toujours sur eux et sur vous. Vous avez été bonne, courageuse et fidèle épouse, vous n'avez à rougir devant qui que ce soit, retournez dans notre pays. »

Marie se décida enfin à partir, et à partir sur-le-champ pour rendre ses petits-enfants à la Guyote; mais à cette joie quelle douleur elle aurait à opposer, mon Dieu!

Quant au chancelier, content du bien qu'il lui avait déjà été donné d'accomplir, il se livra avec d'autant plus d'ardeur et d'habileté à l'exercice de ses hautes fonctions. Modérateur puissant et ferme de tous les excès, ennemi des abus, de quelque côté qu'ils s'élevassent, il eut de rudes combats à soutenir, et plus qu'un autre il reçut les injures des factions avec lesquelles il se tenait inébranlable; mais ces injures, il les méprisait en disant : « Ce n'est point sur les « rumeurs populaires, mais sur la pureté « de la conscience que se mesure le mé- « rite de la vie d'un chrétien. » D'ailleurs, n'avait-il pas à opposer aux abattements passagers que lui pouvaient causer ces persécutions, n'avait-il pas une pensée constante, chérie, celle de son petit Médéric, dont sa mère l'entretenait avec joie dans toutes ses lettres? Depuis plusieurs années, investi d'une charge assez importante dans l'église de Bruges, il devait, pour s'en acquitter, abandonner de temps à autre les travaux accablants qu'il avait à Paris, et ces travaux, il les trouvait accrus au centuple lorsqu'il rentrait à la chancellerie. Il n'avait donc pas eu même quelques journées de loisir pour aller voir son père, sa mère, son fils adoptif; et les nouvelles du pays lui étaient actuellement doublement chères.

Il aurait vu pourtant, en embrassant le frère et la sœur, un gracieux couple d'anges.

Ils étaient si beaux l'un et l'autre, que toujours à la Fête-Dieu Médéric représentait le petit saint Jean, vêtu de la blanche peau d'agneau et marchant armé de sa houlette; toujours Ursule était la Madeleine avec ses beaux cheveux qui commençaient à flotter sur ses épaules.

« Quel dommage, se disait-on toutes les fois qu'on les voyait ainsi, quel dommage que messire Anselme n'ait plus de petits anges à peindre comme autrefois dans son livre! »

Tout le monde les aimait, parce que tout le monde les plaignait bien bas; et puis le Ciel les créa si bons, aussi bons que jolis! Qu'ils étaient ravissants à entendre, lorsque dans les veillées ils racontaient ce qu'ils pouvaient se rappeler de leur séjour parmi les mendiants qui les avaient pris, et comment leurs maîtres infâmes les envoyaient tendre la main dans les ruelles des villages! Quelquefois au lieu d'argent on leur donnait un morceau de pain; et eux, affamés, voulaient-ils le manger, on le leur arrachait en les battant. Comme ils étaient tristes alors quand ils voyaient les enfants des paysans jouer devant les portes, au soleil, pendant qu'eux, les pauvres petits êtres, on leur apprenait à faire des tours de force et des contorsions qui leur brisaient les membres!

Marie ne pouvait jamais les entendre parler ainsi sans frémir, sans les prendre sur son cœur, sans les y presser, comme pour empêcher qu'on ne les lui enlevât.

Et comme ils peignaient avec une naïve énergie la joie qu'ils éprouvèrent le jour où dans une grande foule on les délivra des mains de leurs ravisseurs! « Qu'il était bon, disaient-ils, cet homme qui nous embrassait et nous disait : *Mes enfants!*... Il nous appelait Médéric, Ursule... Comment pouvait-il savoir nos noms, bonne mère? »

A cette question si simple, la veillée restait quelques instants dans un morne silence; puis Élisabeth Arnaud, messire Anselme, détournaient bien vite la conversation; car c'était avec un soin respectueux que tous les habitants se gardaient de montrer qu'ils sussent rien de ce qui s'était passé. Ils aimaient tant, ils vénéraient tant Marie, que jamais il ne leur échappa un mot qui pût lui faire de la peine. Ils avaient la délicatesse la plus exquise, celle qui vient d'un bon cœur.

Marie, Élisabeth, la Guyote, étaient autant de mères pour Ursule, pour Médéric, et, de même qu'elle l'avait fait pour Marie, Élisabeth leur donnait plus que des caresses : elle y joignait les premières leçons de lecture, les premières leçons d'écriture, et ces exercices avaient lieu sur ces quelques mots qu'ils épelaient, qu'ils lisaient couramment, qu'ils copiaient ensuite : « Enfants, priez Dieu pour votre père ! »

C'est ainsi que cette sainte pensée entra dans leur cœur pour s'y étendre avec les années et devenir une lumière plus éclatante, un sentiment toujours plus puissant. Élisabeth ne leur laissait point non plus oublier un moment son fils, leur protecteur, leur bienfaiteur. Il était si doux pour elle de leur parler de ce qu'elle aimait tant ! Tous les jours elle leur nommait Gerson, et c'est dans de petits traités pleins de grâce, de charme, qu'il composait pour eux, qu'elle les faisait étudier, en leur disant sans cesse de respecter et de chérir l'homme qui avait écrit ces lignes.

Comment Médéric et Ursule n'eussent-ils pas aimé Élisabeth, leur seconde mère! Hélas! elle leur fut bientôt enlevée, et ce mot est juste; car sa fin fut si douce, que l'on eût cru la voir emportée au ciel par les anges.

# XII

## LA PROCESSION DU RECTEUR

> Petits et foibles enfants n'avoient aucune manière de se venger, fors (*hormis*) crier merci et miséricorde.
>
> JEAN GERSON.

Gerson était accouru pour recevoir, comme un fils pieux, la bénédiction de sa mère, et comme prêtre il y répondit par sa bénédiction. Il passa ensuite huit jours près de son père, employant toutes les ressources du cœur pour tâcher de le consoler; mais comment eût-il été un consolateur éloquent ou persuasif, lorsqu'il ne pouvait se consoler lui-même? Le soulagement le plus réel que pussent échanger le père et les enfants, ce fut de se rappeler combien Élisabeth avait été bonne, combien sa vie avait été belle, et sa fin douce et bénie.

Le chancelier aurait bien voulu pouvoir rester plus longtemps au hameau en deuil; mais les affaires publiques le rappelaient. Une autre séparation fut donc nécessaire, celle du frère et de la sœur. Médéric avait neuf ans alors et déjà montrait autant d'intelligence que de bonté. La charité était bien récompensée cette fois, et, au lieu d'avoir, comme il n'arrive que trop souvent, l'ingratitude pour fille, elle avait produit une reconnaissance bien vive et bien profonde. Médéric venait d'atteindre l'âge auquel Gerson jugeait à propos de l'avoir constamment près de lui.

C'est à cette époque de la vie que se forment le caractère et les indestructibles penchants de l'homme, et que la raison commence à éclairer notre esprit et notre cœur. Cette lumière divine, il faut une main habile pour la diriger, et Gerson devait sans aucun doute être le meilleur instituteur pour Médéric.

Que de larmes furent répandues par le frère et la sœur lorsqu'il fallut se quitter! Ils se promirent de s'écrire, de continuer de tenir un journal de ce qu'ils feraient, de ce qu'ils penseraient pour se le montrer lorsqu'ils se retrouveraient ensemble. C'était Élisabeth qui leur avait donné cette idée, dont l'effet était de les réunir sans cesse par la pensée et leur assurer de bons souvenirs. Ce compte rendu de chaque jour, de chaque heure, de chaque action de leur vie, était une constante leçon qu'ils prenaient d'après eux-mêmes, un engagement de bonne conduite pour toujours.

Enfin on se dit l'adieu suprême, et Médéric rentra dans cette grande ville où ses premières années avaient été voilées d'une tristesse dont il n'avait pas eu le sentiment. Gerson commença dès lors l'œuvre qu'il méditait. Il voulait faire de cet enfant un homme si vertueux et si pur, que chacun de ses jours fût une prière incessante pour l'âme de son malheureux père. Tel était le but de l'éducation que Gerson se proposait de donner à Médéric. La vie du maître devait être la leçon la plus éloquente.

La présence de cet enfant, aussi aimé que digne de l'être, fut cependant un nouveau prétexte de persécutions et d'attaques contre Gerson. Il avait joint à Médéric quelques compagnons de son âge qu'il instruisait également, en les formant aux bonnes mœurs, quand des cris s'élevèrent de toutes parts contre lui. « Il est, disait-on, au-dessous d'un homme revêtu des dignités de l'Église de se livrer à ces soins subalternes envers des enfants. » Quant à la dignité, celle du Christ était bien au-dessus de toutes les dignités des hommes, et cependant il a dit : « Laissez venir à moi les petits enfants. » C'est ainsi que Gerson leur répondit dans un écrit admirable, et rien n'eut le pouvoir de le détourner des bienfaisantes occupations auxquelles il consacrait ses rares instants de loisir.

Son tranquille hôtel du cloître Notre-Dame n'avait plus l'austérité silencieuse d'autrefois. Médéric, gai, ardent au jeu autant qu'au travail, était, comme le paradis du poète italien, *un sourire éternel;* il animait tout dans cette retraite autrefois si sévère, et Gerson, au milieu de ses plus graves travaux, aimait à entendre autour de lui ces joyeux murmures d'une existence calme au milieu des agitations de l'époque. « Qu'il ait longtemps la sérénité d'une âme innocente, se disait Gerson en le regardant alors avec attendrissement. Il ne viendra peut-être que trop tôt, le jour où il saura quelle a été la fin de son père! »

Chaque article du journal que Médéric avait promis à Ursule de tenir, pour qu'elle pût vivre en quelque sorte de sa vie, pouvait se résumer en ces quelques mots : « Levé à six heures. — Prié pour mon père. — Décliné. — Conjugué jusqu'à huit. — Déjeuné. — Joué jusqu'à midi pendant que Messire travaillait. — Dîné. — En promenade avec Messire sur le terrain Notre-Dame. — Rentré à trois heures. — Copié dans un manuscrit, décliné, conjugué encore. — Soupé. — Prié pour mon père. — Au lit. » Ces détails étaient variés de temps à autre par le récit d'un voyage aérien dans les tours. Ursule lui répondait par des nouvelles tout aussi peu diverses. — C'était le rouet pendant quelques heures. — Puis le jeu dans le parc. — La course après les papillons. — Des travaux d'aiguille enseignés par la dame du château, et toujours quelques aumônes portées de sa part aux pauvres du pays; puis toujours, toujours : « Prié pour mon père. »

Enfin, vers le milieu de l'année 1393, Médéric venait d'entrer dans sa onzième année, lorsqu'une mesure importante fut prise à la suite d'un concile du clergé de France. On cessa de se soustraire à l'obéissance ou à l'obédience de Benoît XIII, et Gerson, heureux de cette résolution qui donnait l'espérance d'un retour vers l'ordre et la paix, fut désigné pour aller, au nom du roi et de l'université, annoncer la décision du concile au pape, qui était alors à Marseille.

Une pareille mission devait le tenir quelques mois éloigné de Paris, et il ne pouvait laisser Médéric seul dans l'hôtel du cloître; il se décida alors à le placer au collège de Navarre.

Quelques jours avant de se séparer de lui, il l'appela dans son cabinet, lui annonça son départ, la résolution qui en était la conséquence, et, après lui avoir fait toutes les recommandations les plus pressantes et les plus tendres sur la conduite à tenir dans la pieuse maison qui l'avait élevé, il ouvrit un bahut d'où il tira un livre dont la reliure, composée de deux ais de bois, était chargée de figures de saints en relief.

« Prends ce livre, Médéric, lui dit-il; tous les soirs, avant de prier Dieu, lis-en un chapitre. Je l'ai reçu en entrant à Navarre, comme tu vas y entrer, et ce saint livre m'a toujours porté bonheur.

— Oh! quelles belles images, s'écria Médéric, qui s'était empressé de regarder ce beau présent. Messire, là Dieu est partout.

C'est le Nouveau Testament ! » Et, ravi comme s'il venait de pénétrer dans le séjour des bienheureux, il feuilletait d'un doigt avide ces pages, lorsqu'il s'arrêta soudain :

« Quel malheur, dans un si beau livre, une feuille déchirée !... Mais il reste de l'écriture...; voyons : « Laissez les petits enfants « venir à moi. » C'est dans l'Évangile, Messire ? Et au-dessus, qu'y a-t-il ?

« L'enfant qui outrage sa mère et insulte « à l'image de Dieu, quelle sera sa vie et « sa mort ! »

« O Messire ! je n'ose y penser, ajouta Médéric avec une sorte de terreur. Ma mère ! je l'aime tant... Mais... celui qui a arraché cette page, est-ce qu'il avait aussi insulté sa mère ? Il était bien coupable alors !

— Prions pour lui, Médéric ! Ces taches sur le parchemin, ce sont ses larmes, ses larmes répandues à une heure solennelle. Il a été bien repentant ! Pleurs vénérables, Dieu les a vus tomber. Implore la grâce divine pour cet homme en contemplant les traces de son repentir.

— Je vous le promets, Messire... Oh ! si j'avais eu mon père, je l'aurais aimé, je l'aurais respecté aussi ! Avez-vous connu mon père, Messire ? »

Gerson était dans un embarras cruel, lorsque, prenant les mains de Médéric :

« Mon enfant, je m'efforce d'être pour toi un père bon et tendre, et de te rendre heureux... N'ai-je donc pas réussi? »

Médéric, à ces paroles, comprit qu'il lui faisait de la peine, et depuis lors ne l'interrogea plus.

A quelques jours de cette scène, le chancelier quitta Paris avec une suite assez nombreuse de docteurs en théologie; et deux fois, l'une à Marseille, l'autre à Tarascon, il harangua le pape Benoît XIII en termes éloquents et énergiques. Il n'avait pas encore terminé sa mission quand il apprit que Paris était dans une position très inquiétante. Les haines des princes rivaux s'envenimaient de plus en plus, depuis que Charles VI, dans un instant à peu près lucide, avait déclaré vouloir que son frère, le duc d'Orléans, fût chargé du gouvernement des affaires pendant ses accès. Malheureux roi, qui n'avait sa raison que pour prévoir une nouvelle atteinte de démence!

Cette résolution avait profondément irrité contre Charles VI son oncle Philippe de Bourgogne, et, de simple ambitieux qu'il était, l'avait fait factieux, et factieux bien exécrable, car il appela à son aide la guerre civile. Louis d'Orléans, de son côté, avait invité secrètement les Anglais à venir au secours de son ambition et de son orgueil. Quelle infamie! attirer l'étranger dans son pays! exciter les discordes intestines et leur donner pour armes des mains étrangères ! C'était un double crime que commettaient les princes. Philippe le Hardi mourut pendant qu'il organisait ses coupables complots ; mais la haine de la maison de Bourgogne contre la maison d'Orléans ne mourut point avec lui : au contraire, elle passa plus ardente, plus vivace, plus envenimée, dans l'âme de Jean, fils de Philippe, et l'inimitié que Louis d'Orléans, retenu par un sentiment de respect de famille, n'osait opposer avec acharnement à l'inimitié de son oncle, il ne craignait plus de la montrer à face découverte à Jean sans Peur, son cousin, jeune homme de son âge; et Paris, cerné par les troupes des princes ennemis, était incessamment sous le coup de quelque catastrophe.

L'université, et c'était l'Église alors, dans son noble instinct d'amour du pays, prenait parti pour le duc de Bourgogne, qui du moins n'avait point recours aux armes de l'étranger; et les écoliers étaient dans un grand état de fermentation. Un arrêt de l'université transmis à Gerson pendant son absence lui révéla ces faits, en lui apprenant la punition infligée à plusieurs élèves du collège de Boissy qui étaient rentrés très tard, portant de longues épées, se faisant ouvrir les portes à coups de pierres, et marchant sans lumière (*sine claritate*). C'était déjà un grand délit; mais ils l'avaient rendu plus sérieux encore en comparaissant à Saint-Bernard pour être mis en jugement devant le recteur et les délégués de l'université, avec des hommes portant leurs livrées (*in sua librata*) et de longues pertuisanes.

Ces actes d'arrogante irrévérence étaient les symptômes d'une violente agitation, et Gerson trembla pour son cher Médéric. Il se hâta donc de rentrer à Paris dès qu'il le put, et, après avoir rendu au roi, ou plutôt au conseil et à l'université, un compte fidèle de sa mission, il s'empressa d'aller à Navarre, où il trouva tout aussi paisible que lorsqu'il y étudiait, et il fut entièrement rassuré en voyant Médéric appliqué à ses tranquilles travaux. Toutefois on se préparait pour le lendemain à la procession du recteur nouvellement élu, procession qui avait lieu

tous les trois mois, « pour la concorde des
« fidèles, l'extinction du schisme, le salut
« perpétuel du royaume, la paix, la dignité
« de l'université, les biens de la terre, la
« salubrité de l'air et de la température,
« et enfin pour toutes les choses qui sont
« nécessaires à l'homme. »

Les moindres documents ont leur intérêt historique, et cet édit suffirait, si d'autres témoignages manquaient, pour prouver qu'il y avait discorde dans l'État, discorde dans l'Église, danger pour le royaume, péril pour le calme de l'université, et que la France était fréquemment atteinte de ce terrible fléau, la peste. L'ordre du recteur fut ponctuellement exécuté, et à neuf heures la procession sortit dans l'ordre suivant :

Les cordeliers, les jacobins, les augustins et les carmes marchaient en tête, précédés de la croix et suivis de deux bedeaux revêtus de robes noires à manches plissées, portant sur l'épaule des *masses* de vermeil, sur la tête le bonnet carré.

Ces bedeaux étaient, dans l'ordre universitaire ou ecclésiastique, ce que furent pour les Romains les licteurs. La *masse* avait remplacé les faisceaux. Or derrière ces licteurs de la science venaient tous les professeurs régents de rhétorique et de philosophie de tous les collèges, ayant robes noires à manches froncées et bonnets carrés.

Des chants modulés par des voix graves ou enfantines s'élevaient du milieu d'un groupe formé de vingt prêtres, de dix enfants de chœur et de six religieux de Saint-Martin-des-Champs, tous revêtus de chapes et surplis, et modulant tantôt des psaumes, tantôt les *litanies*, mot grec qui veut dire en même temps, *procession* et *supplication;* et cette procession était bien une oraison vivante, une prière en action, comme nous venons de le voir.

Ensuite venaient les bacheliers de la faculté de médecine en robes ou *épitoges* fourrées; les bacheliers de la faculté de droit, en épitoges rouges fourrées de blanc. Ces deux députations d'une partie de la science étaient suivies des bacheliers et licenciés de la faculté de théologie, avec de longues chapes noires et la fourrure blanche par-dessus. L'appariteur ou bedeau de la faculté de théologie les précédait, vêtu d'une robe violette comme les bedeaux de nos églises, et ne portant point la *masse*, attendu sans doute que les officiers tenant à la théologie, à la science de la religion et de la paix, ne devaient rien avoir dans leurs insignes qui rappelât les faisceaux des licteurs.

Puis, en groupes séparés par d'autres bedeaux, marchaient les docteurs en médecine, portant chapes d'écarlate rouge fourrées de blanc par-dessus; les docteurs en droit, vêtus de robes d'écarlate à chaperon fourré; les docteurs en théologie, ayant grandes chapes noires et tour de col d'hermine.

Quatre bedeaux venaient ensuite de front, traînant leurs robes noires et portant sur l'épaule leurs *masses* de vermeil. Ils étaient les précurseurs du recteur, revêtu magnifiquement de sa robe d'écarlate violette à manches froncées, ceinte d'une torsade de soie, ornée de pendants d'or et soutenant une grande escarcelle de velours violet garnie de boutons et de galons d'or. Son mantelet d'hermine formait un contraste magnifique avec la teinte éclatante de sa robe.

A sa gauche marchait le doyen de Sorbonne, et autour de lui, ou derrière lui, s'avançaient les élèves qui, dans les divers collèges de l'université, avaient mérité d'être distingués pendant le mois qui avait précédé la procession. Ces glorieux élus composaient une file assez nombreuse et fermaient la marche. Médéric était parmi eux; mais dans sa joie il éprouvait un chagrin, c'est que son père d'adoption, son bienfaiteur, ne fût point appelé par ses fonctions à figurer dans le cortège.

Cette immense réunion de tout ce qu'il y avait de savant et d'illustre à Paris, en France, en Europe même, car l'Europe envoyait de toutes parts des élèves à l'université de Paris; cette procession descendit d'un pas lent et grave toute la longue rue Saint-Jacques, dont les hautes et étroites maisons paraissaient menacer de s'écrouler sous les spectateurs entassés des premiers étages jusqu'aux toits.

Gerson, qui redoutait que cette réunion d'hommes, soit acteurs, soit spectateurs, au milieu de l'agitation dans laquelle était Paris, ne fût la cause de quelque tumulte, était sorti du cloître, et, ayant traversé le parvis, se tenait dans la foule amassée en haie sur le bord de la rue de la Juiverie. Il voulait voir si le peuple, si la procession avaient un aspect calme, et si Médéric se trouvait dans le voisinage du recteur. Il put bientôt se rassurer;

car Médéric était à quelques pas seulement de ce souverain électif au règne de trois mois, et le cortège marchait majestueusement au milieu de deux haies tranquilles et respectueuses. Gerson allait donc rentrer pour travailler d'un air paisible, quand une grande rumeur se répandit, comme un long coup de vent, d'un bout à l'autre de la marche solennelle, et avec cette rumeur un effroi dont personne ne pouvait expliquer la cause. L'on disait que les troupes des princes, campées autour de Paris, venaient d'y entrer ; un autre affirmait qu'il y avait un soulèvement horrible autour du palais Saint-Paul ; suivant celui-ci, le feu dévastait une partie de la ville ; suivant celui-là, le Grand-Pont venait de s'écrouler : alors les spectateurs de courir, de s'enfuir dans tous les sens, et la procession de tomber dans un désordre qui redoublait à chaque pas.

Gerson, dans un tel trouble, ne songeait qu'à tirer Médéric de cette scène tumultueuse, quel qu'en fût le motif, lorsqu'on apprit qu'il n'en existait réellement aucun, et qu'un groupe compact de curieux, ayant été refoulé par les sergents au bas du Grand-Pont, avait occasionné dans la presse ce mouvement de fluctuation qui causa tant d'effroi. La tempête de la terreur panique une fois passée, les flots de la foule s'apaisèrent, la double haie se reforma, paisible et curieuse comme auparavant, la procession se remit en marche le long de l'eau, et tout alla au mieux.

Ce devait être un beau coup d'œil que cette marche, pour les personnes qui se pressaient sur le sommet des tours de Notre-Dame. Les chants, s'élevant ou s'abaissant selon que se creusaient ou montaient les bords de la rivière, avaient quelque chose d'imposant et de poétique; les voix allaient se perdre à demi dans chaque rue qui s'ouvrait sur le passage du cortège, et puis reprenaient plus sonores, plus retentissantes, quand les murs des maisons les répétaient comme autant d'échos, enfin elles se mouraient de plus en plus, et Médéric vit bientôt quelle en était la cause : c'est que la procession venait de retourner à gauche, et allait, par la rue des Nonnains-d'Ière, rejoindre la grande rue Saint-Antoine. Quand elle déboucha dans cette vaste rue, ce fut un murmure pareil à celui du peuple qui salue un souverain bien-aimé, et elle s'avançait avec un ordre pompeux entre les maisons si chargées de monde, qu'elles ressemblaient à une foule immense, pressée, entassée. Tout à coup, au moment où le recteur, c'est-à-dire la fin du cortège, venait de passer devant une rue étroite et sale, un grand cri partit de la file d'écoliers qui fermaient la marche.

Voici quelle était la cause d'un désordre tout à fait sérieux cette fois. Un des valets de Charles de Savoisy, chambellan favori de Charles VI, ramenant son cheval de l'abreuvoir, voulut, orgueilleux qu'il était de la faveur dont jouissait son maître, traverser les rangs des écoliers; et il y réussit, mais non sans couvrir d'une boue épaisse un des étudiants.

Celui-ci, cédant alors à un mouvement de colère, s'élance sur lui et le frappe. Le valet appelle à son aide ses camarades; ceux-ci accourent; ils sont armés, portent aux écoliers sans armes des coups d'épée, leur dardent des flèches, en blessent plusieurs, et mettent ainsi le tumulte à son comble. La foule prend parti pour ou contre; on va en venir aux mains, lorsque des archers surviennent et mettent fin à la lutte en s'emparant des valets de Charles de Savoisy.

Cette scène avait eu le fâcheux effet de profaner une cérémonie religieuse; car une flèche, pénétrant dans l'église, avait frappé le maître-autel; mais elle fut de plus pour Gerson la cause d'une vive douleur. Médéric avait été blessé au bras, et transporté sur-le-champ dans l'hôtel du cloître; le pauvre enfant y resta un mois dans son lit à souffrir, soit de sa blessure, soit de la fièvre continuelle que le mal entretenait en lui. C'est alors que Gerson connut à quel point il aimait cet enfant, à quel point aussi il en était aimé. Bien des fois il veilla près de Médéric, qui eut réellement à passer plus d'un jour, plus d'une nuit de péril; et dans ses moments d'angoisse il apprit de plus en plus profondément tout ce qu'il y a de tendre, de grand, de bon, de consolant dans la prière.

Aussi quelle fut son éloquence le jour où, au nom de l'université, il fut appelé à requérir du parlement la punition de Savoisy, responsable du fait de ses serviteurs, comme cela doit être; car, si la justice humaine châtie l'instrument inintelligent, elle doit aussi, et surtout, châtier la main qui l'emploie. Toutefois le plaidoyer de Gerson fut digne de la clémence d'un homme qui avait su émouvoir la pitié du souverain pour les condamnés à mort; car, au lieu de crier vengeance, il invoqua la miséricorde tout en réclamant la justice.

C'est dans ce discours qu'il dit avec une belle précision de pensée et d'expression : « Il n'est plus mauvaise servitude que la « puissance de mal faire. Un homme est « malheureux quand il veut faire le mal et « le peut. » Sublime leçon de morale que tout homme arrivé à quelque pouvoir, soit par la richesse, soit par les dignités, devrait faire graver partout en lettres d'or, pour qu'elle brillât sans cesse autour de lui. Du reste, le parlement voulut proclamer cette leçon par un arrêt sévère, et les valets de Savoisy, condamnés à être fouettés publiquement, puis à faire amende honorable devant les églises de Sainte-Catherine-du-Val-des-Écoliers, de Sainte-Geneviève et du Petit-Saint-Antoine, furent ensuite bannis pour trois ans du royaume. Savoisy fut également banni ; son hôtel fut rasé par ordre du conseil d'État, et ne put être reconstruit que cent douze ans après l'événement que nous venons de rapporter.

## XIII

### LE FRÈRE ET LA SŒUR

> Mes bons parents disaient que quand le premier des enfants se comporte bien, les autres en sont communément meilleurs.
>
> *Lettres de Gerson à ses sœurs.*

Nous n'avons pas encore parlé d'une certaine taverne de la grande rue Saint-Jacques ayant pour enseigne *l'Image-Notre-Dame*, signe de grâce et de miséricorde sous lequel se réunissaient, — quel blasphème ! — les hommes les plus turbulents et les plus ardents à mal faire qu'il y eût dans ce populeux quartier de Paris. C'est là que Jehan Carlier, lorsqu'il n'était pas à la cour des Miracles, exerçait assez volontiers son industrie de séditieux et de conspirateur. Si nous l'y voyons entrer aujourd'hui mystérieusement, c'est qu'il y a encore quelque tumulte en fermentation. Suivons-le.

Traversons d'abord l'obscure boutique dans laquelle on verse à tout venant le vin sur quelque table hideusement sale. Ce n'est point là que Carlier s'arrête. Ce n'est point non plus sous ce poudreux berceau de tilleuls gris plutôt que verts, à l'ombre desquels les bons citadins se croient à la campagne. Non pas. Au bout de cette espèce de cour plantée est une porte dissimulée par l'épaisse tapisserie que forment deux clématites et autant de chèvrefeuilles qui grimpent à l'envi comme pour cacher la mystérieuse ouverture.

C'est là tout droit, à cette porte, que Jehan Carlier va frapper à trois différentes reprises, et en prononçant à chaque fois un mot dans le trou de la serrure. Il n'y a plus à en douter, nous voilà dans le repaire d'une société secrète, c'est-à-dire ce qu'il y a de plus odieux ici-bas. Ce ne peut être que pour faire le mal que les hommes s'entourent ainsi de ténèbres, et, en effet, aux conspirateurs appartiennent les vices les plus odieux : le mensonge, la dissimulation, l'hypocrisie, la lâcheté enfin, puisqu'ils se cachent.

Carlier était devenu l'un des principaux chefs de cette société secrète dans laquelle nous venons d'entrer avec lui; car la profession de conspirateur, de gratuite qu'elle était, avait dû devenir pour lui une spéculation, depuis qu'il s'était ruiné en débauches avec ses camarades de tapage. Il leur avait tant de fois déclaré que tout devait être commun entre les hommes, qu'ils le prirent au mot, et un jour, dans la forêt de Bondy, se partagèrent le reste de sa fortune, qu'il venait de réaliser.

Cette excellente leçon ne le dégoûta point d'une troupe où les loups se ménageaient si peu; au contraire, il en devint le chef et poussa même son art ignoble à une perfection que l'on ne connaissait pas encore. Dans l'état chancelant des affaires, lorsque le pouvoir passait, au moins une fois par an, du duc d'Orléans au duc de Bourgogne, du duc de Bourgogne au duc d'Orléans, maître Jehan Carlier pouvait, d'un instant à l'autre, être fort embarrassé, sans ressources même, s'il s'attachait à celui-ci plutôt qu'à celui-là. Il réfléchit bien à cette position critique, et trouva prudent de se faire conspirateur pour les deux partis, de façon qu'il était toujours à la disposition de la faction mécontente.

Or en ce moment il complotait au profit du duc de Bourgogne, Jean sans Peur, ennemi implacable de Louis d'Orléans.

Déjà, comme nous l'avons dit, les armées des princes étaient en présence. Une vive émotion venait d'ébranler la population de la grande ville. La reine et le duc d'Orléans ayant été d'avis d'emmener le dauphin à Melun, afin de le soustraire aux dangers dont il pouvait être menacé dans la capitale, le duc de Bourgogne, accouru à cette nouvelle, s'était précipité sur leurs pas, et il allait rentrer en triomphateur à Paris avec le dauphin, qu'il ramenait de force.

Telle est la scène qui se préparait à l'heure où Jehan Carlier entrait dans la taverne de *l'Image-Notre-Dame*. Aussi à peine eut-il fermé derrière lui la porte de la petite cour verte plantée où se tenaient les Bourguignons, qu'il tira de la poche droite de son pourpoint une étoffe de soie; il l'arbora au bout d'une perche, et chacun put voir l'emblème qui y était peint, *un rabot;* il faut savoir que ce rabot était une réponse parlante aux insignes du duc d'Orléans, qui se composaient d'un bâton couvert de nœuds et d'aspérités.

« Voici le moment d'agir, mes amis, voici

l'étendard de Jean sans Peur, c'est celui-là qu'il faut suivre. Marchons derrière ce drapeau à la rencontre du duc de Bourgogne... Vive le duc de Bourgogne! » s'écria Jehan Carlier en baissant la voix sur le dernier mot.

« Vive le duc de Bourgogne! » répétèrent, mais à pleine voix, ses affidés un tant soit peu ivres. Aussi Jehan, l'œil inquiet, leur recommanda-t-il de moins bruyantes manifestations et sortit : suivons-le toujours. Il ne quitte point la taverne; mais prenant à sa droite un long corridor obscur, il s'y enfonce presque à tâtons, et après deux ou trois marches descendues au bout d'un autre corridor, après trois coups frappés à intervalles égaux, quelques mots répétés à voix basse, une porte s'ouvre, laisse pénétrer un long rayon de jour dans le sombre couloir et se referme derrière Carlier.

Là sont de nombreux buveurs, réunis autour de longues tables, dans un vaste courtil : « Vive Louis d'Orléans! » dit encore à demi-voix Jehan Carlier en les abordant, et, tirant de sa poche gauche une étoffe de soie qu'il déploie, il montre peint sur cette bannière un bâton couvert de nœuds que le *rabot* de Jean sans Peur doit aplanir.

« Vive Louis d'Orléans ! » s'écrièrent alors les conspirateurs, au grand effroi de Jehan Carlier, qui tremblait que ces acclamations ne fussent entendues par les Bourguignons de l'autre courtil; jouer un rôle double est toujours honteux, et assez souvent n'est pas sans péril : Jehan Carlier l'éprouva bien rudement un jour. Il faut que la mauvaise conduite soit punie par elle-même.

« Plus bas! plus bas! Oui, c'est ici l'étendard qu'il faut suivre, mes amis; mais soyons prudents. Patience! le moment n'est pas venu d'agir et de nous montrer. Vous savez bien que je suis tout à vous. » Lorsqu'il eut fait cette courte visite à ceux de ses gens dont il n'avait pas besoin ce jour-là, il rentra dans le courtil des Bourguignons en disant à demi-voix : « Vive le duc de Bourgogne ! A mort Louis d'Orléans ! à mort ses amis ! à mort Montaigu! à mort Gerson, ce chancelier qui tyrannise les étudiants! A mort! » Il se rappelait toujours le changement de nom qui avait eu un motif si humiliant pour lui, et après ces exhortations horribles il emmena sa troupe dans les rues, pour y crier jusqu'à la fin du jour et forcer les marchands à fermer leurs boutiques. Il y avait, vers cette époque à peu près, une grande agitation aussi dans toute la paroisse de Barby ; mais cette agitation n'était que souriante et de bon présage. Ursule allait accomplir sa douzième année, et bientôt faire sa première communion ; tout son temps se passait en exercices pieux, en catéchismes, ou en travaux de couture et de broderie ; car, aidée de sa mère et des sœurs de Gerson, elle préparait pour toutes les communiantes de l'année les parures blanches, dont la dame du château fournissait l'étoffe. C'est ainsi que pendant les longues veillées de l'hiver elle faisait pour les pauvres des vêtements chauds ; mais à présent elle voulait parer ses sœurs de communion et elle-même, ainsi qu'elle aimait à parer, et, comme elle le disait, à faire beau l'autel de l'église pour les grandes fêtes.

De son côté, Médéric, qui allait avoir treize ans accomplis, recevait au collège de Navarre les enseignements nécessaires pour faire sa première communion. Il était le modèle de sa classe, non par des succès précoces, qui ne sont bien souvent que de fausses promesses, mais par une remarquable justesse de raison et de jugement qui se manifestait autant dans son travail que dans sa conduite. Tel était le fruit des enseignements de son père d'adoption. Faire de Médéric moins un savant qu'un homme honnête, sûr de sa fermeté et de sa pureté d'âme dans le temps difficile où il était appelé à vivre, tel était le but du maître. Il semblait que le docile élève eût en lui cette vocation, tant il était naturellement bon et juste ; aussi Gerson se disait-il souvent en pensant à lui : « Quelle consolation il sera pour sa pauvre mère ! »

Médéric et sa sœur étaient bien heureux en ce moment. Ils allaient se revoir après une séparation de quatre années, se revoir pour accomplir ensemble l'acte le plus imposant du jeune âge. Gerson, chargé d'aller assister à un concile provincial qui devait se tenir à Reims, si près de son pays, avait songé tout aussitôt à y conduire Médéric ; et pour qu'il reçût en même temps que sa sœur le solennel sacrement, il obtint qu'il ne fît pas sa première communion à Navarre. Ces beaux projets allaient bientôt se réaliser, et dès lors ce fut une joie de tous les instants dans la maison le Charlier, dans la chaumière de la Guyote. A chaque nouveau soleil qui se couchait, Ursule, Médéric, d'un côté ; de l'autre, Marthe, Pauline et les autres sœurs de Gerson disaient : « Il n'y a que huit jours à attendre, il n'y en a plus que sept, plus que six ! » et ainsi, comptant les heures, les minutes, elles arrivèrent plus heureuses que jamais au jour si impatiemment attendu. Dès l'aube on était debout ; au lever du soleil, tout le monde se rejoignait sur la route, au bout de la belle avenue des tilleuls, et l'on se dirigeait à travers le petit bois, vers Rethel, au-devant des voyageurs si ardemment désirés.

Il était doux de voir l'expression de contentement qui rayonnait sur les traits d'Ursule. Médéric, de son côté, était au comble de la joie, et ses transports augmentaient à chaque pas qui le rapprochait d'Ursule et de sa mère. « Voyez, mon maître, disait-il sans cesse à Gerson : voyez comme il fait beau ce matin ! comme la verdure est fraîche sous la rosée que le soleil levant fait luire ! Comme l'eau de la rivière d'Aisne est limpide ! Je n'ai jamais vu le ciel si beau que ce matin ! — C'est qu'il fait bien beau dans ton âme, » lui répondit Gerson.

*Qui aime bien voit de loin*, dit un proverbe espagnol. Aussi Médéric aperçut-il bientôt le groupe de femmes qui, venant au-devant d'eux, débouchait du bois pour entrer dans les prés du bord de l'eau, et Gerson le vit tout à coup partir comme une flèche que lance un arc bien tendu. Tour à tour passant des bras de sa mère à ceux de sa sœur, à ceux de son aïeule : « Quelle joie ! s'écriait-il, quel bonheur !... ma bonne mère !... Comme tu as grandi, Ursule ! Ma pauvre grand'-mère, vous vous portez bien ! Voilà comme je te voyais de là-bas, Ursule ! — C'est bien comme tu es que je t'ai vu à mon dernier rêve, Médéric ! Que nous sommes heureux, ma mère ! »

Gerson arriva pour contempler cette scène de pur ravissement, et, après l'éclat de ces premiers transports, il leur dit : « A présent, pensez au grand acte que vous allez accomplir demain ; soyez calmes et recueillis comme en présence de Dieu. » A ces paroles imposantes, la joie un peu trop folle du frère et de la sœur devint un contentement tranquille et suave. Maître Arnaud, entouré de ses filles, arriva plus lentement au-devant de son fils, de ses fils, pour mieux dire, et les deux familles réunies entrèrent bientôt dans le hameau ; mais Gerson, avant de mettre le pied sur le seuil de la maison natale, alla se prosterner sur le tombeau de sa mère ; puis le repas, la veillée, se passèrent dans une gaieté douce pour les parents, dans le silence du recueillement pour les deux néophytes. Cependant, lorsque maître Arnaud rappelait avec joie et un pur orgueil toutes les réminiscences du jeune âge de Gerson, Médéric les imprimait dans sa mémoire comme autant de traditions sacrées. Là était le pommier d'où descendit le fruit qui lui inspira une si fervente prière. Ici, sous ce berceau de chèvrefeuille, il lisait dans le Nouveau Testament de messire Anselme.

Marie tressaillit et devint pâle au souvenir de ce manuscrit et de la violence impie de Marcel enfant.

« Un Nouveau Testament, s'écrie Médéric, c'est moi qui en ai un beau ! avec de belles images. Tu ne l'as pas vu, bonne mère ; je te le montrerai, Ursule. »

L'heure du coucher étant arrivée, Ursule sortit avec sa mère et la Guyote. « A demain ! dit-elle à Médéric ; demain, c'est notre plus grand jour. » Médéric, après lui avoir répété ce bonsoir, alla s'endormir dans le lit même de Gerson enfant et adolescent. Il y eut de bien beaux rêves. A peine réveillé, il tomba à genoux comme s'il était ce matin plus près du trône de Dieu, pria pour son bienfaiteur, pour toute sa famille, pour l'impie qui avait déchiré le feuillet du saint manuscrit; puis il se mit à contempler quelques images pendues à la muraille, et sur lesquelles le soleil répandait une clarté du rose le plus tendre. Combien de fois Gerson avait dû les admirer à cette heure !

Aux premiers sons de la cloche de Barby, il se mit à la fenêtre ombragée de rosiers en fleur, et vit déjà circuler dans la ruelle du hameau des jeunes filles en blanc, des garçons en surcots bleus ou rouges, des pères et des mères dans leurs plus grandes parures, celles qu'ils portaient le jour de leur mariage, et que l'on avait conservées aussi précieusement que le bon accord et l'union jurée ce jour-là. En ce moment même il entendit un bruit de pas. C'était toute la famille le Charlier, Arnaud en tête, puis Gerson, qui venait le chercher. La Guyote et Marie amenaient de leur côté leur fille Ursule.

Elle était blanche comme un ange du paradis, et ses traits purs avaient une expression de ravissement religieux et d'adoration que l'on contemplait avec le recueillement qu'inspire un autel. On voyait que tout le matin elle avait été en prière, et aujourd'hui sa beauté était un reflet du ciel. Médéric aussi avait le regard plein d'une piété inspirée : on eût dit qu'il allait s'élancer au-dessus de la terre.

« Vous allez entrer plus intimement dans la communion des fidèles, mes enfants, leur dit Gerson au moment du départ. Voici l'heure la plus importante de votre vie : c'est dans peu d'instants, devant la sainte table, que vos prières auront le plus de puissance près de Dieu. En cet instant solennel prononcez, du fond de votre cœur, deux noms, deux noms que vous ne devez jamais oublier : Marie, le nom de votre mère ; celui de votre père, Marcel ; priez pour lui.

— Oh ! priez bien pour lui ! oui, priez de toute votre âme pour l'âme de votre père ! » leur répéta Marie en essuyant des pleurs.

Des larmes roulaient à ces mots dans les yeux d'Ursule et de Médéric. Marcel ! c'était la première fois qu'on leur disait le nom de leur père. Cette révélation augmenta leur pieuse émotion, et, les mains appliquées l'une à l'autre comme deux séraphins adorateurs, ils traversèrent dans un religieux silence le bois de Barby, au son de la cloche toujours plus pressée, et bientôt ils entrèrent dans la petite église du bourg. Médéric dut se séparer alors d'Ursule pour se joindre aux garçons du pays, et messire Anselme commença le saint sacrifice. Enfin le moment solennel arriva, et la file de jeunes communiantes, toutes blanches, toutes parées, grâce aux travaux d'Ursule, se mit en marche vers l'autel. Ursule était en tête, s'avançant d'un pas si léger, qu'on eût cru voir un ange effleurer la terre, et lorsqu'elle s'agenouilla devant la sainte table, on vit dans ses regards qu'elle se prosternait devant Dieu. Oui, Dieu descendit sur ses lèvres par les mains bénies de messire Anselme; puis, absorbée dans de divines contemplations, elle ne songeait plus à se relever pour retourner à sa place. Il fallut que Marthe, qui était derrière elle, la rappelât à la terre; alors elle revint vers son banc, et le nom que Gerson lui avait recommandé de prononcer, le nom de Marcel, était sans cesse sur ses lèvres.

« Marcel! mon Dieu, je vous prie pour mon père, pour Marcel! » Tels furent les mots que Médéric dit aussi en recevant le pain des anges, et qu'il répéta dans toutes ses prières jusqu'à la fin du saint sacrifice. Lorsque tout fut fini, la famille le Charlier, Marie, la Guyote, se réunirent.

La journée se passa dans une pieuse sérénité, comme en présence de deux anges, et quand, le soir, Ursule et Médéric durent se séparer, ils se dirent en s'embrassant :

« A partir de ce jour, nous sommes deux fois frère et sœur, vois-tu, nous avons communié ensemble. »

## XIV

### LE 24 NOVEMBRE 1407

> Où étiez-vous, douce dame et mère, cette douloureuse matinée ? N'aviez-vous pas ouï déjà le bruit et la voix qui courait par toute la ville : « Il est pris, disait l'un. — Il ne nous prendra plus, disait l'autre. — Qu'est-ce ? — Qu'y a-t-il ?... »
>
> *Sermon sur la Passion prêché par* Gerson.

Le jour qui suivit cette solennité, Gerson se mit en chemin pour aller assister au concile de Reims, où il devait rester au moins quinze jours. Jamais Ursule et Médéric n'avaient été si heureux que pendant ces belles journées, et l'un de leurs plus doux passe-temps, celui qu'ils préféraient à tous, était l'échange du journal que chacun d'eux avait fait durant la séparation. En se lisant ce souvenir de chaque heure de leur vie, il semblait qu'ils eussent toujours été ensemble. C'est qu'en effet ils s'étaient souvent réunis alors par la pensée. Toujours même expression de reconnaissance pour la mère, pour le bienfaiteur qui les élevait à faire sans cesse du bien, à répandre l'aumône, à travailler pour les pauvres, à secourir les affligés ; chaque ligne de ce mémorial de cœurs jeunes et purs était un précieux monument élevé pour les jours de réunion et enfin pour la vieillesse. Jamais ils n'auraient à rougir de ce qu'ils avaient écrit.

Un matin, après le déjeuner, ils étaient au jardin. Leur mère, ne pouvant se lasser de voir leur bonheur et de contempler son Médéric, dont le court séjour allait bientôt finir, leur mère sortit de la maison, et, après les avoir cherchés quelque temps dans les allées bordées d'arbustes touffus, les aperçut enfin tout au fond d'un enclos, sous un chêne au tronc tapissé de gui. Là Médéric tenait à Ursule la promesse qu'il lui avait faite : il lui montrait le manuscrit de messire Anselme, et avec quel plaisir il jouissait de l'admiration de sa sœur à l'aspect de ces peintures ! « Comment ! s'écriait-elle à tout instant, soit qu'elle vît les rois d'azur et de pourpre autour de la crèche, soit qu'elle eût sous les yeux Jésus couronné d'un nimbe resplendissant, Jésus au milieu des docteurs ; comment ! c'est messire Anselme, le curé de Barby, notre curé, qui a fait de si belles choses ! »

Et, tout absorbés par leur admiration commune, le frère et la sœur ne s'apercevaient pas que Marie, leur mère, venue à petits pas bien légers, était derrière eux et regardait par-dessus leurs épaules.

En ce moment, Médéric tournait un à un quelques feuillets où l'écriture était encadrée dans une guirlande verte semée de fleurs d'argent et d'azur, et Ursule attendait une image plus belle encore.

« O mon Dieu ! s'écria-t-elle, est-ce toi, Médéric, qui as fait ce malheur-là ? » Ses deux mains, levées dans un mouvement de douloureuse surprise, allèrent toucher la figure de Marie, et elle se retourna vers sa mère. « Comment ! vous étiez là, ma mère ! » Et elle lui sauta au cou avec un gracieux sourire. Marie ne riait point ; elle avait l'air triste, abattu, désolé. « N'est-ce pas, mère, que c'est bien malheureux ? reprit Ursule en revenant à ses images.

— Oui, bien malheureux, répéta Médéric ; mais celui qui a arraché cette page a eu tant de chagrin ! tant de chagrin ! Je le sais, bonne mère ; c'est messire Gerson qui me l'a assuré. Vois ces taches-là : ce sont des larmes. C'est que, vois-tu, celui qui a abîmé un livre si beau et si saint a dû beaucoup pleurer.

— Je le crois bien, » dit Ursule en embrassant sa mère, qui était dans une émotion que ses enfants ne pouvaient comprendre. Aussi, lui voyant les yeux gros et rouges à faire pitié :

« Cela te fait de la peine à voir, bonne mère, n'est-ce pas ? Messire Gerson m'a toujours dit de regarder ces traces de pleurs avec respect, avec compassion, comme des preuves de repentir.

— Oh ! oui, mes enfants, balbutia sourdement Marie ; ce livre est sacré, ne le touchez que d'une main pieuse. »

Une voix d'enfant s'éleva en ce moment du fond d'une allée : elle rappelait à Ursule et à Médéric qu'ils avaient à travailler pour le reposoir que l'on devait élever le lendemain sur le chemin, au débouché de l'avenue du château. Ils fermèrent donc respectueusement le livre, allèrent le serrer, et revinrent

Le frère et la sœur ne s'apercevaient pas que leur mère était derrière eux.

s'acquitter de leur travail riant et béni. Il s'agissait de cueillir des fleurs, soit pour remplir des vases d'argent que devait prêter Mᵐᵉ de Romance, soit pour faire des bouquets que l'on attache sur les tentures, ou bien effeuiller les roses et les pivoines que l'on fait voler à pleines mains au-dessus du dais.

Le lendemain matin, Ursule et Médéric, avant de s'habiller pour la solennité, allèrent cueillir, dès le jour venu, le fenouil odorant dont devait être jonché le chemin de la procession; chacun se mit ensuite à l'œuvre du reposoir. Un magnifique tapis couvrait les degrés qui conduisaient à l'autel, dont la nappe était d'une blancheur éblouissante; chandeliers et vases d'argent mêlés aux arbrisseaux fleuris, aux statues d'ivoire de la Vierge et des saints, resplendissaient au soleil levant, et une vaste tapisserie tendue d'un arbre à l'autre formait au-dessus de cet autel une voûte qui ondulait doucement au souffle de la brise.

Ces préparatifs terminés, Ursule et Médéric revêtirent leurs habits de première communion; car ils devaient, ainsi que tous les néophytes, faire partie du saint cortège. A peine arrivés à l'église, fraîche et fleurie ce jour-là comme un beau parterre, ils prirent leurs rangs, et la procession se mit en marche, Ursule tenant un des rubans de la bannière de la Vierge Marie, Médéric tenant également un des rubans de la bannière de saint Marcel, évêque de Paris et patron du bourg. C'étaient les deux noms recommandés à leurs prières, les noms de leurs parents. Ils remarquèrent bien cette circonstance, et furent plus recueillis encore.

La cérémonie terminée, Ursule et Médéric vinrent dîner au château avec Arnaud le Charlier, et le repas fut trouvé par Médéric plus délicat que celui qu'on servait à Navarre... « Ou au collège de Boissy, ou au collège d'Harcourt, » ajoutèrent de jeunes convives de son âge. Au banquet succéda le jeu dans les jardins ; le frère et la sœur se livrèrent au plaisir comme des enfants qui ont bien fait leur devoir. Ensuite vinrent les deux jours consacrés à la fête du pays, où Médéric et Ursule s'amusèrent de tout leur cœur et virent les curiosités venues de Reims, entre autres les marionnettes représentant la terrible scène de la vallée de Josaphat, ou la magnifique entrée de la reine Isabeau de Bavière, femme de Charles VI.

Ainsi le temps passa vite, trop vite au gré de Marie, de la Guyote, d'Ursule, de Médéric, de tout le monde enfin. Gerson était revenu de Reims, et il fallait retourner à Paris : les agitations des factieux et une nouvelle mission à remplir le rappelaient sans retard. Médéric fut donc obligé de faire ses adieux, et les adieux furent accompagnés de beaucoup de larmes.

Plus nos voyageurs approchaient de Paris, plus il leur semblait entendre se rapprocher le bruit redoutable des séditions et des aveugles colères du peuple. Ils ne traversaient pas une ville, pas même un village, sans y apprendre quelques nouvelles inquiétantes. Le duc de Bourgogne avait une force imposante réunie près des murs de Paris, au pied des buttes Saint-Chaumont ; Louis d'Orléans, se mettant en mesure de faire face aux attaques de Jean sans Peur, s'était retranché dans le château de Beauté, au-dessus du bois de Vincennes, et ses gens de guerre étaient campés au pont de Charenton. Les habitants de Paris, les écoliers se tenaient en armes : on s'attendait enfin de jour en jour à une bataille dans les rues. Ces bruits, ces cris d'alarmes, trouvant un écho dans chaque bourgade, arrivaient effrayants aux oreilles de Gerson, et troublaient pour lui le calme et la sérénité des campagnes. Il avait l'âme forte et ne s'épouvantait pas outre mesure de ces rumeurs; mais quelle aurait été la terreur de Médéric, s'il eût su qu'ils rentraient en ce moment même dans une ville où la mort de son maître était jurée !

Toutefois, quelque sinistres que fussent ces propos, nos voyageurs retrouvèrent Paris dans une tranquillité apparente, et rentrèrent sains et saufs à l'hôtel du Cloître. Médéric était alors arrivé à l'âge où Gerson eût désiré l'avoir constamment près de lui, pour le former entièrement à son exemple; et quelle éducation accomplie c'eût été ! Mais le chancelier de l'université était accablé de travaux de toutes sortes : discipline ecclésiastique, soins de la politique, diplomatie, qu'il savait allier à une inébranlable morale, tout venait s'éclaircir à ses lumières. On ne faisait rien sans consulter sa haute sagesse, et à peine était-il à Paris, qu'il fut envoyé de nouveau en ambassade vers Benoît XVIII pour le supplier d'abdiquer une moitié du trône pontifical, et de rétablir ainsi la paix dans l'Église.

Médéric rentra donc au collège de Navarre, où il menait une vie bien différente de celle dont il avait joui pendant quinze jours à la campagne ; mais il était doué de beaucoup de raison, et après avoir passé ses récréations à se rappeler par écrit, sur le journal qu'il continuait, son séjour près de sa sœur, il travaillait de son mieux pour se distraire. Quoi qu'il fît cependant, l'absence de Gerson était bien cruelle pour lui. Le Pré-aux-Clercs ne remplaçait nullement les vertes prairies attenantes au limpide ruisseau du Moulinet, et cette promenade des collèges lui devint odieuse un jour qu'il y entendit Jehan Carlier, oui, Jehan Carlier, proférer les plus effrayantes menaces en nommant Gerson. Dès lors il fut dans de cruelles inquiétudes. Ce fut bien pis lorsqu'il apprit que le chancelier rentrait à Paris. Cette nouvelle, qui en tout autre temps lui eût causé tant de joie, le rendit bien malheureux. Il ne put ni travailler ni dormir le jour, la nuit qui précédèrent l'arrivée de Gerson ; et le lendemain, lorsque le chancelier le vint voir, il courut à lui, et après les premiers bonjours :

« O Messire ! ô mon père ! je ne veux plus vous quitter jamais. Si les scélérats veulent vous tuer, je vous défendrai, ou ils me tueront d'abord ! Oh ! je vous en prie, prenez-moi près de vous ! »

A voir les regards enflammés, à entendre la voie tremblante de Médéric, Gerson crut qu'il avait un accès de fièvre ardente, le délire; mais bientôt Médéric lui raconta les propos menaçants qui l'épouvantaient à ce point.

« Ne te tourmente pas ainsi, mon enfant, lui répondit Gerson avec calme. J'ai des ennemis, je le sais; mais je sais aussi que je n'ai point mérité d'en avoir, et cette pensée non seulement me console, mais encore me donne de la joie. Il faut savoir s'acquitter de son devoir, sans tenir compte de ces clameurs et de ces menaces, qui ne sont point d'ailleurs si effrayantes que tu le crois, mon bon Médéric. Depuis dix années que j'en suis assailli, est-il une main qui se soit levée sur moi? D'ailleurs, si je succombe, c'est que Dieu l'aura ordonné; ce sera pour sa cause, et je m'en glorifierai de toute mon âme. »

Ces paroles, prononcées avec un accent de vive conviction, communiquèrent à Médéric la sérénité qu'elles respiraient. Cependant il supplia tant le chancelier d'avoir pitié de lui, et de le retirer, aussitôt qu'il le pourrait, du collège de Navarre, pour qu'il fût toujours à ses côtés, que Gerson lui promit qu'après les prochaines vacances il le prendrait près de lui à l'hôtel du Cloître. Les vacances arrivées, Médéric porta à Marie nombre de couronnes. Qu'il était heureux alors ! Il ne redoutait plus pour Gerson les périls des rues de Paris. Il eût toujours voulu le savoir dans ces paisibles campagnes ; mais il fallut bientôt les quitter, et le 22 novembre 1407 ils arrivèrent, à la nuit close, à la Villette-Saint-Ladre, aux portes de Paris. Ils furent donc obligés d'y coucher, et le 24, de grand matin, se dirigèrent vers la ville.

Il n'était que sept heures environ lorsque, aux approches de la porte Saint-Martin, ils aperçurent assez peu distinctement, car il ne faisait pas encore grand jour, une masse noire, une foule compacte d'hommes et de femmes attroupée devant la porte. C'étaient les marchands des environs qui apportaient, soit à bras, soit avec l'assistance de leurs ânes ou mulets, leurs légumes à Paris, et, trouvant la poterne fermée, ils pressaient de questions les gardes, dont le nombre venait d'être porté au double ; mais c'était vainement, les gardes ne pouvaient dire pourquoi avait été prise cette inquiétante mesure. Gerson lui-même ne put obtenir du chef des archers d'autres renseignements, sinon que la seule porte ouverte ce matin, au nord de la ville, était la porte Saint-Denis.

Le symptôme était grave, et tandis que Gerson et son compagnon longeaient le rempart pour aller rejoindre cette porte, Médéric faisait de tristes réflexions. S'il n'eût connu l'inébranlable fermeté de Gerson, il aurait essayé de l'engager à remettre au lendemain son entrée dans Paris; mais, convaincu que ses tentatives seraient vaines, il se tut, et bientôt le chancelier et lui franchirent, à travers une triple haie de gardes, la porte Saint-Denis.

Il y avait foule dans la grand'rue et cela se conçoit, puisqu'elle était la seule entrée permise aux habitants du dehors; et tous se demandaient ce qu'il y avait ce matin-là de nouveau dans Paris. Gerson et Médéric se le demandaient aussi, et, pour tâcher de parvenir à le savoir, écoutaient ce qui se disait autour d'eux.

« Ah !... ma foi, il n'y pas grand mal à cela.

— Il nous aurait ruinés.

— Certainement, vous avez raison, voisin. »

Ces propos, sortis d'un groupe de dix à douze hommes et femmes réunis devant le portail de Saint-Magloire, frappèrent Gerson et Médéric, dont la mule marchait avec une lenteur très favorable à leurs observations. Son allure ordinaire eût-elle même été moins pacifique, il eût bien fallu que la grave monture se résignât à cheminer à petits pas, tant la foule s'accroissait ; chaque rue, chaque *ruellette,* y fournissait son contingent, et tout le monde allait, dans le même sens, vers la rivière.

« On m'a dit qu'il avait, il y a quelques jours seulement, reçu un solennel avertissement de Dieu aux Célestins.

— Ah ! oui, c'est ce que j'ai entendu conter aussi tout à l'heure. Il veillait, dit-on, dans le cloître, quand, au milieu de la nuit, lui apparut la Mort.

— Voyez donc ! voyez ce que c'est !

— Que s'est-il donc passé aux Célestins ? demanda Gerson.

— Puisque je vous dis que c'est moi qui ai ramassé, au point du jour, sa main, oui, sa main qui était là, coupée sur le pavé, et je l'ai portée dans l'église des Guillemites. Vous savez ?... les Blancs-Manteaux... C'est là qu'on a déposé son corps. »

Gerson avait arrêté sa mule devant l'église des Saints-Innocents, près d'un groupe d'où ces dernières paroles étaient sorties. Il allait en savoir davantage, quand un fort détachement d'archers à cheval passa et dispersa cet attroupement.

Gerson et Médéric cherchaient à mettre d'accord tout ce qu'ils avaient entendu çà et là, lorsque, arrivés au Châtelet, ils virent beaucoup de monde réuni devant l'entrée principale de la maison.

« Si on les arrête, c'est ici qu'on les amènera, bien sûr.

— Étaient-ils beaucoup ?

— Certainement ! moi qui demeure à l'autre bout de la rue Barbette, je les ai entendus fuir ; et ils jetaient derrière eux, pour qu'on ne les poursuivît pas, des chausse-trapes rougies au feu !

— Ah ! ils avaient du feu !

— Il fallait bien qu'ils en eussent, puisque après leur assassinat il ont brûlé la maison de l'image-Notre-Dame, où ils s'étaient cachés. »

Un nouveau détachement d'archers vint rompre et dissiper le groupe duquel Gerson allait certainement tirer quelques explications ; cependant, barré au bas du pont aux Changeurs par le courant de la foule qui se dirigeait du côté de la rue Saint-Antoine, force lui fut bien de s'arrêter, et d'apprendre ainsi, par des propos interrompus, ce dont il s'agissait.

« Ils m'ont réveillé en sursaut... Il me semble encore l'entendre crier : « Je suis « Louis d'Orléans ! — C'est lui que nous « cherchons..., tant mieux ! » Et après cette réponse les coups de redoubler... O mon Dieu ! les monstres !

— Comment, les monstres ! Ils ont bien fait. Ce n'est pas le dernier qui y passera ! » répliqua un homme à la figure dure et sinistre.

Gerson s'indignait contre cet être aussi féroce que stupide qui par de telles paroles, écho des propos de haine des factieux, se rendait complice d'un assassinat. Cette émotion intérieure, il allait peut-être la révéler par un blâme intrépide, lorsqu'il sentit tressaillir violemment Médéric, monté en croupe derrière lui. C'est qu'au milieu de ce torrent de sots curieux qui couraient pour voir le lieu où fut commis un crime, il venait de reconnaître Jehan Carlier, celui qui avait déjà menacé Gerson.

« Enfin, disait cet infâme avec une malice cruelle, enfin voilà le *bâton noueux* de Louis d'Orléans *raboté* comme il faut. »

Médéric, dans l'effroi qu'il éprouvait pour son bienfaiteur, lui avait tout révélé, et il reçut en ce moment même de son maître une grande leçon de courage et d'empire sur son âme. Il ne vit pas une émotion dans ses traits, pas un moment de trouble dans ses regards, rien autre chose qu'une expression de vertueux mépris pour Carlier; puis, d'une voix aussi sereine qu'auparavant :

« Ne pourrons-nous donc pas, dit-il, rentrer au Cloître aujourd'hui? Cette foule est comme une barrière mouvante. » En effet, ils couraient risque d'être arrêtés là pour tout le jour, lorsqu'un fort détachement de cavaliers qui venaient du quartier d'Outre-Pont dans la ville ouvrit un passage, et la mule put arriver sur le pont aux Changeurs. Une fois hors de ce concours de peuple, nos cavaliers eurent la liberté d'aller plus vite, et, sauf quelques groupes rue de la Madeleine ou sur le parvis Notre-Dame, ils ne rencontrèrent plus aucun obstacle. Il était onze heures lorsqu'ils mirent le pied sur le seuil de l'hôtel du Cloître.

« Oh! que me voici tranquille! j'ai tant frémi pour vous, mon maître! Enfin vous voici rentré au port! » En effet, on pouvait considérer comme port tranquille cette paisible retraite du Cloître, où il n'arrivait aucun bruit du dehors; et le jour entier se passa pour Gerson et Médéric à remettre en ordre tous les objets qu'ils avaient emportés dans leur voyage. Les livres furent replacés sur leurs tablettes de chêne noirci par le temps; le linge et les habits rentrèrent dans le bahut couvert de merveilleuses sculptures, et, la nuit étant arrivée, le chancelier alluma lui-même sa lampe de travail. Il allait commencer une leçon pour Médéric, lorsqu'on frappa à sa porte; Médéric courut ouvrir, et ramena son voisin, le vice-chancelier, Gérard Machet.

Celui-ci était au courant des nouvelles de la ville. « On soupçonne, dit-il, le duc de Bourgogne d'être l'ordonnateur du meurtre; on en a même en quelque sorte la certitude, puisque l'on est assuré que plusieurs des assassins ont pris la fuite du côté de l'hôtel d'Artois, qui appartient à Jean sans Peur, et qu'ils ont disparu tout à coup à l'endroit où se trouve une porte secrète.

— Le duc de Bourgogne! s'écria douloureusement Gerson, qui avait été attaché au père, et l'était au fils encore. Oh! ce n'est pas possible, le duc d'Orléans et lui ont communié ensemble, avant-hier, à Saint-

Germain-l'Auxerrois. Ce ne peut être qu'une atroce calomnie. »

Le lendemain, aucun doute ne fut plus permis à Gerson; car le duc de Bourgogne lui-même, menacé d'une visite du prévôt dans son hôtel d'Artois, où les assassins étaient, en effet, cachés, ne put dissimuler son trouble, et interpellé énergiquement par le duc de Berry, il lui avoua son forfait, en ajoutant que *le diable l'avoit tenté*.

C'était là, en effet, une action inspirée par l'esprit du mal; mais l'homme, doué de raison et de conscience précisément pour combattre ces tentations coupables, ne peut être nullement admis à se justifier en alléguant de fatales inspirations. Aussi le duc de Berry eût-il dû faire saisir sur-le-champ le duc de Bourgogne; il se borna toutefois à lui donner le conseil de disparaître, et ni lui ni les exécuteurs du meurtre ne furent arrêtés; mais ils s'éloignèrent de Paris, et passèrent en Flandre sains et saufs.

Ces événements frappèrent profondément Gerson, tant par ce qu'ils avaient de sinistre pour le présent que par les misères et les convulsions qu'ils présageaient pour l'avenir. Un soir donc, après son travail avec Médéric, travail souvent interrompu par de sombres réflexions : « Mon enfant, lui dit-il, il est temps de songer à la carrière que tu suivras. Quel est le meilleur parti à prendre? J'ai souvent réfléchi à cela, et plus que jamais depuis quelques jours, depuis le jour où s'est accompli cet horrible forfait odieusement demeuré impuni. La justice a et aura plus que jamais besoin d'organes et de défenseurs intrépides. Je suis d'avis que tu te consacres à l'étude du droit. Servir la justice, c'est toujours servir Dieu. Tu suivras les leçons des maîtres du Clos-Brunet; moi-même je sais assez le droit civil pour être ton répétiteur, et tu peux, jeune encore, devenir magistrat, juge...

— Juge! répéta Médéric, juge! O Messire! jamais je ne pourrais prononcer une sentence de mort! »

Cette réponse fit tressaillir Gerson; mais Médéric, qui ne connaissait point la cause secrète de l'émotion du chancelier, et ne se doutait nullement du souvenir qu'il avait réveillé en lui, Médéric prit la main de son maître, et la pressant avec tendresse :

« O mon maître! ô mon père! je ne veux vivre que pour vous aimer, pour vous imiter en tout, et ne faire autre chose qu'invoquer comme vous le pardon et la miséricorde. »

## XV

### PIERRE DE MONTAIGU

> « Pardonnez-moi, Sire; ce n'a point été par
> justice, mais par commission. »
>
> *Réponse d'un religieux du monastère
> de Marcoussis à François I<sup>er</sup>, qui l'in-
> terrogeait sur la mort de Montaigu.*

La vocation de Médéric venait d'être déclarée irrévocablement, et dès lors Gerson dirigea de tous ses soins les plus tendres son élève dans la carrière qu'il parcourait lui-même si glorieusement. Quelques jours après le meurtre de Louis d'Orléans, il prononça l'éloge funèbre du prince, et fut dès lors un implacable ennemi du duc de Bourgogne, qui acquérait de jour en jour une puissance plus formidable. Mais qu'importait à Gerson ? Il se rangeait du côté des malheureux, des opprimés, des victimes.

Des préoccupations bien autrement graves suivant lui l'absorbaient tout entier : il devait bientôt aller représenter l'Église et l'université au concile général qui devait s'ouvrir à Pise, afin de mettre un terme aux discordes du monde chrétien; et, après de longs travaux accomplis pour se préparer à cette haute mission, il quitta Paris accompagné de Médéric.

Tandis que le chancelier coopérait activement à l'œuvre du concile, et que dans le palais du malheureux Charles VI, comme dans tout le royaume, existait une déplorable et menaçante division, Arnaud vivait de la vieillesse la plus respectée entre ses cinq filles, qui, dociles aux conseils de leur frère aîné, étaient restées auprès de leur vieux père pour le servir et le soutenir jusqu'à son dernier jour. Elles n'étaient plus jeunes; mais elles avaient conservé la véritable jeunesse, la jeunesse durable, celle que donne l'âme pure et contente de soi. Bien souvent leurs voisines, Marie et Ursule, les venaient voir; on parlait alors de Gerson, de Médéric; on se lisait les lettres que l'on avait reçues, on s'entretenait du bien à faire pour le lendemain. Prier, veiller près des malades, travailler pour les pauvres, transmettre aux jeunes enfants le savoir que lui avaient donné Élisabeth et M^me de Romance : telle était la vie tout entière d'Ursule, et Marie lui en donnait l'exemple.

Aussi Ursule était-elle partout la bienvenue, et, dès qu'elle paraissait dans la maison d'Arnaud, le vieillard, messire Anselme, ce bon prêtre aussi vieux et aussi bien portant que le bon cultivateur, les cinq sœurs enfin, tous ces visages devenaient souriants comme en automne sourit un jardin lorsque vient à y briller un rayon de soleil. Quelle joie ce fut donc, un beau matin de juillet, lorsqu'on vit Ursule entrer tenant une lettre énorme qu'elle avait reçue du messager !

« Quel bonheur ! c'est l'écriture de Médéric ! c'est l'écriture de Médéric !... Cela vient de Pise. »

Le paquet portait l'adresse d'Arnaud, et sous l'enveloppe le vieillard trouva plusieurs lettres, une de son fils pour lui, une pour toutes ses sœurs, et deux de Médéric, l'une pour Marie, l'autre pour Ursule. Chacun prit avec empressement la part qui lui revenait, et Ursule, ravie d'avoir une lettre de son frère, une lettre d'Italie!... lut à haute voix, dans l'expansion de son bonheur :

« Chère Ursule, je t'ai promis de t'écrire
« d'Italie, et, si j'ai tardé, j'espère que tu ne
« m'as pas jugé capable de manquer à ma
« parole. Je n'ai été empêché que par un
« travail continuel, comme secrétaire de
« Messire. Ne va pas croire que je m'en
« plaigne, au moins! Lorsque j'écris sous sa
« dictée, il me communique tant de sa belle
« âme, que je serais tenté d'être fier de
« moi, et qu'il me semble que les idées que
« j'écris sous son inspiration, je les trouve
« en moi-même. Sais-tu que cette commu-
« nauté que Messire établit entre lui et son
« reconnaissant élève est un bien inesti-
« mable, et que je sens tout l'effet d'une
« telle intimité sur mon intelligence et sur
« mon cœur?

« Toutes nos journées ont donc été jus-
« qu'ici entièrement employées. Cependant
« nous sortons souvent le soir pour aller
« nous promener dans la campagne. Qu'elle
« est belle! On y voit des citronniers, des
« orangers en fleur; les pampres des vignes
« s'enlacent en berceaux, et les champs sont
« comme un grand parterre bien fleuri; mais
« je ne me promène jamais dans ces champs,

« à l'heure du soir, quand l'Angélus sonne
« dans le lointain, sans penser à notre pays,
« à notre mère, à notre grand'mère, qui
« ont eu tant de chagrin !

« J'ai vu deux choses bien belles. D'abord
« un vaste cimetière entouré d'un cloître,
« et que l'on nomme *Campo-Santo* (le
« champ sacré), parce que, dit-on, le sol
« en est entièrement composé de terre rap-
« portée des saints lieux par les pèlerins il
« y a deux cents ans. Ensuite j'ai assisté à
« une session du concile.

« Que j'ai regretté que tu ne fusses pas à
« côté de moi le jour du couronnement du
« nouveau pape, Alexandre V! Jamais, j'en
« suis bien sûr, je ne verrai rien de si beau.
« Le soleil, illuminant de ses rayons de midi
« le chœur et la nef, faisait paraître plus
« resplendissants que les autres jours les
« vêtements de pourpre des cardinaux, les
« chapes d'or et les mitres d'argent des ar-
« chevêques, les colliers, les chaînes d'or
« des grands maîtres et des commandants
« des ordres militaires. Les ambassadeurs
« de la plupart des rois et princes de l'Eu-
« rope y brillaient à l'envi par d'étincelants
« costumes, et au milieu de toutes ces splen-
« deurs paraissaient, comme des nuages,

« des masses noires composées de tous les
« abbés, prieurs, chefs d'ordres, de monas-
« tères, et de plus de trois cents docteurs
« députés par les diverses universités d'Eu-
« rope. Figure-toi donc, Ursule, toute cette
« foule tombant à genoux devant le nouveau
« pape, et lui, après cette cérémonie, ayant
« substitué des vêtements blancs à la pour-
« pre, marchant au milieu d'une procession
« sur laquelle les rayons colorés par des
« vitraux semblent flotter tandis qu'elle
« s'avance lentement. Et trois fois un maître
« de cérémonie, qui porte devant le saint
« pontife un cierge allumé et un plat d'ar-
« gent sur lequel sont des figures de châ-
« teaux et de palais faites avec des étoupes,
« y met le feu en disant chaque fois : Saint-
« Père, voici comment passe la gloire de ce
« monde.

« Messire m'a dit de ne jamais oublier
« cette belle leçon donnée au souverain de
« l'Église, et lui aussi, du haut de la chaire,
« il a supplié le pape, au nom de la chré-
« tienté, de rappeler à leurs saintes fonc-
« tions les prêtres et les prélats. Tu m'as
« chargé de te répéter tout ce que messire
« Gerson prononcerait de bon et de bien ;
« mais pour faire cela, qui aurait assez de

« mémoire? Je ne puis que te dire combien
« j'étais heureux en voyant mon bienfaiteur,
« mon père, fixer par ses paroles éloquentes
« l'attention de l'Église tout entière, de
« toute la chrétienté. Je sentais mon cœur
« battre, et c'est un orgueil dont je n'é-
« prouve aucun remords; car cet orgueil-là,
« c'était de la reconnaissance.

« Nous sommes sur le point de rentrer en
« France, et, quoique je me trouve bien
« heureux de me rapprocher de ma bonne
« mère et de toi, je... »

Ici Ursule s'arrêta, elle avait d'un coup d'œil lu quelques mots qui rappelaient l'inquiétude que Médéric éprouverait pour Gerson quand ils seraient de retour à Paris. Elle s'empressa donc d'aller à sa mère, à la Guyote et à toute la famille le Charlier s'acquitter de la commission que lui donnait son frère : elle embrassa tous les assistants.

Le pays fut, cette année-là, plus animé que les années précédentes. M$^{me}$ de Montaigu, la femme du grand maître de l'hôtel du roi, alliée de M$^{me}$ de Romance, était venue passer quelque temps au château. Les distractions de toutes sortes étaient donc prodiguées à cette dame, habituée au luxe d'une vie splendide dans son château de

Marcoussis, voisin de Paris. C'étaient tous les jours des promenades dans les environs de Barby et du hameau, et plus d'une fois M<sup>me</sup> de Montaigu avait remarqué, en le traversant, la tournure pleine de grâce et de modestie d'Ursule, qu'elle voyait aussi parfois au château. On se rappelle que M<sup>me</sup> de Romance se plaisait à continuer l'éducation qu'Élisabeth avait commencé à lui donner avec tendresse, et dont Ursule avait profité avec bonheur. Aussi M<sup>me</sup> de Montaigu conçut pour elle une bienveillance qui ne fit que s'accroître lorsqu'elle sut par quels liens elle tenait à Médéric, le bien-aimé de Gerson. Son mari, qui lui avait souvent parlé de ce jeune homme, témoignait l'intention de le donner dans quelques années pour instituteur à ses petits-fils. M<sup>me</sup> de Montaigu avait des petites-filles, et de son côté elle pensa bientôt qu'elle ne saurait placer près d'elles une gouvernante plus parfaite qu'Ursule.

Or cette charmante jeune fille était venue au château pour lire à M<sup>me</sup> de Romance la lettre qui lui avait écrite son frère, et, la lecture terminée, M<sup>me</sup> de Montaigu allait lui parler de son projet, lorsqu'une autre lettre, mais celle-là bien terrible, arriva de Paris... Elle était cachetée de noir.

Elle annonçait à M<sup>me</sup> de Montaigu le supplice de son mari, de ce même Pierre de Montaigu qui avait été, de même que Louis d'Orléans et Gerson, l'objet des menaçantes paroles de Jehan Carlier. Ainsi, de trois hommes voués au poignard des assassins, deux avaient déjà péri.

# XVI

## LE BAN ET L'ARRIÈRE-BAN

> « Charles, duc d'Orléans et de Valois..., à toi qui te dis Jean, duc de Bourgogne, pour le très horrible meurtre par toi fait en grande trahison de guet-apens en la personne de notre très cher et redouté seigneur et père..., te faisons savoir que de cette journée en avant nous te nuirons de toute notre puissance, et contre toi appelons Dieu à notre aide. »
>
> *Défi du duc d'Orléans et de ses frères*
> *au duc de Bourgogne.*

Le concile de Pise s'était terminé le 7 août. Or, en tenant compte de la lenteur avec laquelle on voyageait à cette époque, Gerson eût pu être de retour à Paris vers la moitié de septembre; mais il ne passa point dans une seule ville sans y être retenu par les chefs ecclésiastiques, fiers de posséder près d'eux pendant quelques jours l'illustre chancelier; et il ne rentra que vers la fin d'octobre dans son calme et humble hôtel du Cloître. C'est alors qu'il apprit avec douleur la fin cruelle de Pierre de Montaigu, et Médéric frémit en se rappelant l'amitié qui unissait son maître et la victime; il pensa aussi à la tristesse qu'un si terrible coup avait dû répandre autour du château de Romance. La veuve avait désiré d'y rester pour pleurer, loin de la ville où elle avait perdu son mari, et où se préparaient de nouvelles catastrophes; car, en dépit des réconciliations mensongères, la guerre civile venait de s'allumer plus violente que jamais entre les princes.

Ce fut au point que, le 14 août 1411, le duc de Bourgogne, provoqué par le défi dont un passage sert d'épigraphe à ce chapitre, y répondit par une déclaration conçue dans les termes les plus outrageants. Appel aux armes des Français contre des Français, est-il rien de plus odieux? N'est-ce pas attirer le trouble, la mort dans la famille, et exciter des frères à s'entr'égorger? Cependant il y avait entre les défis de l'un et de l'autre prince une différence infinie. Celui de Charles d'Orléans avait du moins eu pour inspiration un noble et pieux sentiment, le respect pour la mémoire de son père, l'indignation contre l'assassin qui tuait deux fois, par le fer et par les calomnies dont il poursuivait sa victime. Le défi de Jean sans Peur, au contraire, était la provocation aux discordes civiles dans toute sa hideuse nudité. Il fallait que des milliers d'hommes se donnassent la mort pour justifier un meurtre. Il était donc impossible, en ces jours de déchirement, de trouver un instant de calme, même au fond du cloître de Notre-Dame, dans le studieux hôtel de Gerson.

Un matin donc que Médéric écrivait avec bonheur à sa sœur Ursule, en réponse à une lettre qu'il avait reçue d'elle, il est interrompu par un lointain son de trompe, dont les retentissants éclats se répètent en échos plus ou moins distincts dans les sinuosités du cloître. Médéric prenait à tout ce qui se passait un trop puissant intérêt de cœur pour qu'il lui fût possible de continuer sa lettre après avoir entendu cet appel, qui annonçait quelque proclamation. C'est pourquoi il demanda au chancelier la permission de descendre et d'aller jusqu'au parvis, d'où le bruit semblait venir. Gerson, qui désirait lui-même savoir ce dont il s'agissait, et ce ne pouvait être que d'une chose grave après le réciproque défi des princes, permit à Médéric de sortir, et Médéric courut vers le parvis.

Là, au milieu de la place, autour du héraut escorté de quelques archers, se pressait une foule aussi compacte que celle que nous avons vue, dans les jours d'anxiété publique, se presser devant une affiche nouvellement appliquée aux murs des carrefours; mais dans ces temps déjà reculés, où la lecture était un talent assez rare dans les classes inférieures, où l'art de l'imprimerie était encore ignoré, le seul moyen de publication était la proclamation précédée du son de trompe. Or, à chaque nouvel appel éclatant dont l'instrument guerrier frappait l'air, vous eussiez vu sortir de leurs boutiques, de leurs maisons, les voisins, qui venaient, yeux ouverts, bouche béante, former de plus en plus épais le cercle qui serrait de près le héraut.

La trompe ayant cessé de retentir, le héraut prit la parole, ou, pour mieux dire, lut des lettres patentes du roi portant convocation du ban et arrière-ban « pour garder
« et défendre, dit l'édit royal, notre sei-
« gneurie et lignée contre notre oncle de
« Berry, Charles, notre neveu, duc d'Or-

« léans, et ses frères Jean de Bourbon et
« Jean d'Alençon, Charles d'Albret, notre
« cousin, Bernard d'Armagnac et leurs
« aidants, adhérents alliés et complices,
« mus et induits du mauvais projet de
« nous destituer de notre état et autorité
« royale. »

Ainsi le malheureux insensé devenait, avec Jean sans Peur, l'assassin de son frère, l'ennemi des enfants de la victime. Le duc de Bourgogne avait persuadé au pauvre fou que tous les princes étaient ligués pour le renverser, lui, roi, tandis qu'ils ne voulaient jeter à bas que l'insolent criminel qui usurpait en réalité le sceptre et la couronne.

La proclamation finie, il y eut dans la foule, séparée en groupes plus ou moins nombreux, des chuchotements dont l'ensemble produisait le bruit d'un essaim qui prend sa volée. « Comment ! il faudra donc que mon fils aille à la guerre ! — Mon pauvre frère va donc partir ! — Et moi qui allais me marier avec Macé ! — On a publié hier à Sainte-Madeleine le second ban ! — Voilà bien un autre ban, voisine ! »

Et les frères, et les fils, au contraire, redressaient la tête et se voyaient déjà armés de toutes pièces. Cependant il en était quelques-uns qui murmuraient. « Si du moins, disaient-ils, c'était pour combattre l'étranger; mais marcher contre des gens qui sont nés dans notre pays et parlent français comme nous, c'est terrible! — Si ce n'est que cela qui vous arrête, courez bien vite, car vous aurez des étrangers à combattre dans les rangs des Armagnacs. Est-ce que vous ne savez pas que Charles d'Orléans et les siens font venir les Anglais à leur secours? »

Si les paisibles habitants du parvis eussent été des habitués d'émeute, ils auraient bien reconnu l'auteur de cette observation. C'était Jehan Carlier, qui, après avoir été pendant les cinq dernières années huit ou dix fois au moins bourguignon ou orléaniste, à tour de rôle, venait enfin de se mettre du côté de Jean sans Peur, en ayant soin de bien cacher et de garder, pour le lendemain peut-être, le drapeau contraire. Qu'on juge donc de son embarras lorsqu'une des personnes du groupe accusa hautement le duc de Bourgogne et la reine de traiter avec les Anglais.

Jehan Carlier, prudent conspirateur, n'osa rien dire tout d'abord; mais voyant que ces dernières paroles n'avaient point d'écho et que le grand nombre parlait comme lui, il prit un air menaçant, et élevant la voix :

« Ceux qui ne craignent pas de proférer de pareilles calomnies pourraient bien suivre le même chemin que Louis d'Orléans, son ami Montaigu, et l'autre... là-bas... qui sera bientôt le troisième. » Et, parlant ainsi, il tournait l'index de la main droite du côté du Cloître.

Médéric avait depuis longtemps reconnu Jehan Carlier. Retenu sur le parvis par une curiosité bien naturelle, il vit ce geste de menace, il entendit ce dernier propos, et, rentrant tout pâle à l'hôtel du Cloître, il répéta à Gerson ces sinistres paroles :

« Pauvre France! » voilà tout ce que répondit le chancelier en poussant un profond soupir; et il se mit, pensif, à son pupitre pour continuer d'une main non moins assurée la composition d'un traité *écrit* (ce furent ses expressions), *afin d'oublier les tourments d'une vie inquiète.*

Deux ans plus tard, à ces inquiétudes incessantes vint se joindre une anxiété plus poignante encore. Arnaud le Charlier était atteint d'une sérieuse maladie, et, pour obéir au vœu de son père qui l'appelait, Gerson dut se rendre au pays natal.

# XVII

## LES VOUTES DE NOTRE-DAME

> ... Tous gens pauvres et méchants, désirant piller et dérober..., alloient à Paris par tourbes et délaissoient leurs métiers; et aussi puisqu'ils ne gagnoient rien, il falloit qu'ils pillassent et dérobassent; et aussi le faisoient-ils de leur autorité pure et privée.
>
> *Histoire de Charles VI*, par Juvénal des Ursins.

> *Bienheureux ceux qui souffrent la persécution pour la cause de la justice*, dit saint Matthieu, parce que Dieu envoie toujours des calamités aux justes plus qu'aux autres hommes.
>
> Extrait d'une lettre de Gerson à d'Ailly, évêque de Cambrai.

Tandis que le chancelier et ses sœurs entouraient le lit de leur père, dont la convalescence la plus lente avait enfin succédé à de longs jours de danger, les troubles de Paris ne faisaient que s'accroître. Une partie de la population était en armes. Quant à Jehan Carlier, il s'était bien gardé de se joindre à Charles VI, lorsque celui-ci partit pour assiéger dans la ville de Bourges son oncle le duc de Berry, en qui le duc de Bourgogne lui avait fait voir un ambitieux prétendant à la couronne. Notre héros tapageur, qui n'aimait pas d'autres champs de bataille que les étroites et tortueuses rues de Paris, dans les sinuosités desquelles on pouvait se sauver après avoir crié : *A bas!* ou jeté des pierres; Jehan Carlier ne fut pas davantage d'avis de se mettre dans les rangs des bouchers, que le comte de Saint-Pol, créature de Jean sans Peur, avait organisés militairement en compagnies. Il trouvait beaucoup plus simple d'être à la suite et toujours en disponibilité, afin de tourner sans obstacle au moindre vent, comme une girouette en bon état.

C'était vraiment une bien effroyable milice que ces compagnies de bouchers commandées par les principaux membres de la sanglante corporation, les Saint-Yvon, les Tibert et les Goix. Un chirurgien nommé Jean de Troyes, et un mauvais chirurgien de cette époque pouvait bien prendre place parmi les bouchers, occupait aussi dans les compagnies un poste important; mais ce qui était le plus hideux, c'était l'ignoble horde dirigée par Caboche l'écorcheur. Le duc de

Bourgogne et ses affidés avaient donné la preuve d'une habileté atroce dans l'art de répandre la terreur, lorsqu'ils enrégimentèrent des métiers répugnants et armèrent des mains habituées à donner la mort.

Tel était le morne sujet de conversation qui couvrait en quelque sorte d'un nuage livide le doux soleil d'automne un jour que Gerson et toute sa famille entouraient Arnaud le Charlier, alors entièrement rétabli. Dans l'espoir de retenir loin de Paris le chancelier, on lui montrait le tableau des futurs désastres; mais lui, au contraire, hâtant son départ, renonça à rester quelques jours de plus dans sa famille.

« J'ai mes devoirs à remplir; ils m'appellent, » voilà tout ce qu'il répondit un matin à M$^{me}$ de Romance, à son père, à ses sœurs, à Ursule, qui témoignait son épouvante pour lui comme pour Médéric, et l'un et l'autre prirent le chemin de Paris en disant d'un ton souriant et à tout le monde : « Au revoir! au revoir! »

Le chancelier et son élève étaient à peine rentrés au Cloître, qu'ils apprirent la cause d'une agitation extrême dont ils avaient remarqué les frémissements en traversant Paris. La ville était cernée sur divers points par les troupes des princes, et les orléanistes venaient d'être battus, le matin même, au pont de Saint-Cloud. Les malheureux, après s'être vaillamment défendus dans la tour, avaient pris, à la dernière extrémité, l'église pour refuge ; mais les hommes qui depuis de longues années étaient en révolte contre les lois, les hommes qui lors de la sédition des maillotins égorgèrent un fugitif qui se croyait en sûreté au pied d'une statue de la Vierge, les partisans impies d'un meurtrier, ne s'arrêtèrent pas devant la sainteté d'un asile. Ils brisèrent les portes de l'église et y massacrèrent neuf cents hommes. Le carnage fut tel, que, suivant les chroniqueurs contemporains, le sanctuaire *regorgeait de sang*. Et cette nouvelle, arrivée à Paris, au lieu d'inspirer de l'horreur contre les assassins, de la pitié en faveur des victimes, excitait des démonstrations féroces dans les rues agitées.

Cependant, tant que durèrent le brumeux automne et l'hiver aux journées glaciales, tant que le givre et la neige couvrirent le sol des rues de Paris, la ville fut assez tranquille ; car il faut du beau temps aux tapageurs pour faire du tumulte autant que pour aller à une partie de plaisir. La mauvaise saison a de plus, pour eux, l'inconvénient de retenir au logis les promeneurs et les curieux, auxquels ils se mêlent et dont ils se font des boucliers. Or, les promeneurs et les curieux ne se souciant point d'aller grelotter ou recevoir la pluie, puisqu'ils n'étaient point payés pour cela, force fut aux criards, honteux de leur petit nombre, d'attendre dans leurs repaires le retour du printemps. Pendant l'hiver, Gerson et Médéric eurent donc de douces soirées dans l'hôtel du Cloître, au coin du vaste foyer à la flamme pétillante. C'était alors un calme religieux; et que les heures passaient vite pour le maître et l'élève, travaillant en quelque sorte en commun, lorsque Gerson dictait à Médéric sa prose souvent si suave ou ses élégants vers latins! Un soir, dans ces inspirations délicieuses venues du ciel dans l'âme de Gerson, et transmises par Gerson à Médéric, ils avaient oublié que l'heure du couvre-feu avait sonné depuis longtemps. Enfin le chancelier venait de quitter son siège pour s'agenouiller devant un grand crucifix de bois sculpté en relief et faire la prière commune, lorsque d'effrayantes clameurs s'élevèrent dans la direction du parvis. Bien que la journée eût été très agitée, Gerson, dans son calme logis, avait été complétement tranquille jusqu'alors ; mais ce soir, après avoir pillé beaucoup de bourgeois et de marchands de la ville, les *écorcheurs* et *tripiers*, qui formaient la hideuse compagnie de Caboche, le ramenaient triomphalement à son logis en poussant ces vociférations qui avaient effrayé tout le quartier.

Gerson et Médéric, descendus à la porte de l'*hostel*, apprirent ces détails dans un groupe que formaient tous les voisins tenant en main leurs lumières. Les calmes figures des prêtres et des chanoines arrachés à leur premier sommeil par ces hurlements féroces se montraient pâles et inquiètes sous les lueurs flottantes au vent. On se parla des exploits de la journée, quelques hommes massacrés dans les rues parce qu'on les avait traités d'armagnacs; on se dit ensuite, mais bien bas, et d'autant plus que la terreur rendait les voix émues, on se dit que chaque quartier de Paris devait avoir son jour de pillage et d'égorgement. Après de tels entretiens, il était difficile qu'en se séparant on se souhaitât une bonne nuit.

Aussi chaque heure, depuis cette soirée d'alarme, fut un long et perpétuel instant d'angoisse pour Médéric ; car Gerson n'en sortait pas moins pour se rendre à Saint-Jean-en-Grève, dont il était curé, pour aller aux assemblées de l'université, visiter les collèges, et remplir enfin toutes ses fonctions comme en temps de calme. De plus, il assistait aux conseils qui se tenaient fréquemment au palais dans ces graves circonstances, et Médéric ne vivait pas durant son absence, tant il était frappé d'effroi.

Or, un matin de la fin d'avril, seul, pensif, à la vue du beau soleil qui brillait alors sur Paris, sur le sang, sur les larmes, sur les ruines, il songeait tristement aux délicieuses clartés que l'astre devait répandre dans les calmes allées ou dans les vertes clairières du bois de Barby ou de Romance. Que n'eût-il pas donné de son sang pour que son maître fût alors dans sa famille, au milieu de ces paisibles campagnes, parmi les laborieux cultivateurs, bien loin de ces fainéants turbulents, de ces oisifs aux mains rapaces et ensanglantées que sa pensée lui montrait de toutes parts sur les pas de Gerson ! Combien n'aurait-il pas tremblé davantage si en ce moment même il eût entendu le chancelier, dans une assemblée nombreuse où se trouvaient de fougueux bourguignons, s'élever avec une indignation intrépide contre ce qui se passait, et dire avec plus d'énergie que ne le répète naïvement Juvénal des Ursins, historien et acteur de ces tristes jours, que « les manières que « l'on tenait n'étaient pas bien honnêtes, ni « selon Dieu » !

Peu de temps après avoir prononcé ces paroles et conseillé une protestation véhémente de l'université contre ces horribles excès, il sortit des Mathurins pour retourner au cloître Notre-Dame; entièrement dominé par son incessante pensée, il songeait au futur concile de Constance et au rôle qu'il y voulait jouer. Il comptait bien amener l'assemblée souveraine à flétrir et à condamner l'anarchique doctrine du régicide si audacieusement soutenue par Jean Petit, défenseur du duc de Bourgogne.

Plein de telles préoccupations, tout entier à des méditations si graves, il ne voyait pas, il n'entendait pas qu'un groupe grossissant toujours le suivait et marchait même à ses côtés. On s'y parlait bas, avec des gestes menaçants : on se le montrait du doigt, et la catastrophe allait éclater si une longue file d'archers du duc de Guienne, suivant le cours de la Seine entre le bas de la rue de la Harpe et le Petit-Pont, n'eût, par un bonheur inouï, séparé du groupe menaçant le chancelier, qui poursuivit son chemin sans cette inquiétante escorte et rentra au Cloître.

« Oh! bonjour, Messire! lui cria avec la joie la plus sincère le bon Médéric; grâce à Dieu, vous voilà...: vous ne sortirez plus sans moi, n'est-ce pas? Oh! je vous en prie, Messire! » Et Médéric, lorsqu'il eut obtenu une réponse affirmative, éprouva un soulagement que révéla tout aussitôt la sérénité de sa voix. Mais ce bien-être ne fut pas de longue durée.

Médéric allait se remettre à son travail, et de bon cœur, car il était tranquille; Gerson, de son côté, venait de prendre un livre sur les tablettes de chêne sculpté qui portaient sa petite mais précieuse bibliothèque, lorsqu'un grand cri poussé par plusieurs centaines de voix s'élève du côté du parvis, et une foule furieuse, cette même foule qui avait commencé à se former sur les pas de Gerson, se précipite vers le Cloître.

« Fermez les portes! fermez les portes! » Et le portier du Cloître n'a que le temps d'obéir à cet avertissement venu du haut d'une maison voisine; mais cet obstacle opposé aux furieux ne fait qu'ajouter à leur colère. Pierres, marteaux, maillets, barres de fer, tout est mis par eux en usage pour ébranler le portail. Pendant ce temps, Médéric, qui assistait pour la première fois de si près à un tumulte populaire, tremblant pour la vie de Gerson, priait à deux genoux, afin que Dieu protégeât un de ses plus saints serviteurs, et Gerson lui-même se préparait avec calme à la visite de ces forcenés.

Le lourd portail du Cloître avait enfin cédé, sous les coups et les efforts des assaillants... Un bruit pareil à celui que produirait une bande d'oiseaux de proie prenant sa volée annonça à Médéric et à Gerson l'approche de cette bande de vautours à face humaine. Ils avaient déjà commencé à donner l'assaut au portail de l'*hostel*, dix fois moins fort que celui du Cloître, et qui devait être, dans la même proportion, plus facile à enfoncer.

« Que faire, que faire, Messire? où vous réfugier?... Ils vous tueront... Écoutez... Ils crient : « Mort! mort à Gerson! » — Mon Dieu! mon Dieu! mon Dieu! »

Le portail ne tenait presque plus sur ses gonds. « Arrêtez! arrêtez!... que faites-vous là?... s'écria de l'accent du commandement un homme qui se précipita dans le groupe ; respectez le chancelier ! Est-ce que vous n'étiez pas à un de ses sermons du jour des Rameaux, quand il a dit en présence de toute la cour : « Il faut tenir le peuple en « protection, et non en persécution ? »

— Oui..., oui..., c'est vrai, » dit une autre voix qui ne se serait peut-être point élevée si la première ne l'eût intrépidement encouragée. Il en est toujours ainsi dans les foules, où il se trouve nécessairement des bons au milieu des mauvais. Voyez comme il est grand, le pouvoir du bon exemple.

« C'est vrai, c'est vrai, il a dit cela, reprirent plusieurs autres voix.

— Et même il a ajouté : « Un bon pasteur « tond sa brebis, et jamais ne l'écorche. » Voilà ce qui s'appelle une belle parole !

— Oui..., c'est un dicton à écrire en lettres d'or !

— Vive Gerson ! vive le chancelier ! »

Et, après une immense clameur d'applaudissements, la troupe, tout à l'heure si irritée, s'éloigna en bénissant en quelque sorte celui qu'elle allait peut-être égorger.

« Tu vois, Médéric, dit en ce moment et d'une voix calme Gerson à son élève, tu vois combien j'avais raison de dire, lorsque je prêchais la Passion : « Fiez-vous donc en la « faveur du peuple ! Il n'est chose plus in- « constante et plus muable ! » Tu vois que leur colère n'est pas moins passagère que leur faveur. »

Médéric en convint bien vite ; mais il supplia Gerson de profiter de ce moment de repos pour aller chercher un asile sous les voûtes de la cathédrale.

« Il va en revenir d'autres, Messire... Oh ! je vous en prie ! je vous en prie, par pitié pour moi, éloignez-vous d'ici. Une fois la maison cornée, comment feriez-vous pour traverser le Cloître et monter, par l'escalier de la tour, dans la chambre des voûtes ? Ce serait impossible. Oh ! je vous en conjure, sortez ! sortez ! Il me semble que j'entends du bruit. »

Gérard Machet et les autres voisins de Gerson vinrent se joindre à Médéric pour obtenir du chancelier qu'il se cachât ; ils savaient qu'il était inscrit sur une liste de mort ; ils le lui dirent, croyant le décider : mais il ne sembla pas plus ému, et Médéric, tombant alors à ses genoux : « O Messire, je vous en supplie, sauvez-moi d'une douleur qui me tuerait. En restant ici n'exposez pas un homme à commettre un crime. »

Ce dernier sentiment, exprimé par Médéric de l'accent de la plus vive prière, saisit Gerson ; il est facile de comprendre pourquoi. Il était ébranlé, et comme le bruit venait de plus en plus proche, il entraîna le chancelier jusque dans l'escalier de la tour.

« Mais toi, Médéric ! s'écria-t-il tandis qu'on l'emmenait.

— Je ne crains rien pour moi, Messire. Que suis-je ? quelle attention feront-ils à moi ? Je reste pour garder l'hôtel. » Et heureux comme un homme complètement rassuré sur un violent sujet d'inquiétude, il rentra décidé à défendre au péril de sa vie les livres, les manuscrits de son maître, et surtout le Nouveau Testament de messire Anselme.

De son côté, Gerson, pressé par ses amis, comme lui fugitifs, montait l'escalier de la tour, et plus il s'élevait, plus il entendait arriver distinctement à son oreille les bruissements du tumulte qui agitait Paris sur tous les points. Chaque étroite embrasure livrait passage à une grande clameur, et lorsque Gerson fut arrivé à la galerie qui s'étend comme une ceinture à demi-hauteur des tours, lorsqu'il jeta de là un coup d'œil sur le Cloître, il vit un spectacle effrayant.

Une nouvelle troupe avait cerné l'hôtel, et cette horde était composée de tout ce que l'on peut concevoir de plus dégoûtant : des garçons bouchers portant au côté leurs longs couteaux et vêtus de leur sanglant costume de travail ; des écorcheurs, les bras à moitié nus, les épaules couvertes de quelques lambeaux de peaux de bête : c'était la compagnie de Caboche. Au milieu de ces gens à l'aspect sinistre se voyait le cruel chirurgien Jean de Troyes, beau parleur de cette époque de deuil.

« A mort, s'écria-t-il, à mort celui qui a dit qu'il ne fallait pas se fier au peuple, comme chose inconstante et muable ! à mort ! » Et les couteaux furent alors tirés de toutes parts. Au milieu de cette tourbe hideuse se trouvaient plusieurs femmes qui ne montraient pas une ardeur moins féroce ; car la femme qui a franchi les bornes de la retenue et de la douceur dont le ciel l'a douée devient vicieuse et cruelle à l'excès. Ces furieuses avaient donc fait sauter à coups de pieds et de poings la porte chancelante de l'hôtel ; et les hommes, leurs couteaux à la main, les suivaient en rangs pressés. C'est en vain qu'une des assaillantes, apprenant seulement alors qu'il s'agissait de tuer Gerson, déclara qu'elle n'attaquerait jamais cet homme si bon.

« Comment! faire du mal à ce saint prêtre, qui a si bien parlé devant le roi pour les pauvres de l'Hôtel-Dieu : « Miséricorde ! « miséricorde ! Sire! grande misère nous « fait ainsi crier. » Voilà comment il a commencé sa harangue. Je l'ai entendu lire pas plus tard qu'hier. Je ne voudrais pas lui arracher un cheveu, foi d'Étiennette la Macée. »

L'énergique intervention de cette femme aurait peut-être eu un bon résultat, si un homme à mine sombre ne se fût écrié : « Mort à Gerson! il n'a pas craint d'accuser le vénérable défenseur du duc de Bourgogne. Il a fait mourir de chagrin, par ses persécutions, l'éloquent Jean Petit. — A mort ! à mort ! »

Jehan Carlier, qui jusque-là avait attendu que la bande prît un parti, la voyant enfin bien décidée, se rappela l'insulte que lui avait faite autrefois Gerson lorsqu'il changea de nom pour ne lui ressembler en rien, et s'élança le premier dans la cour verte de l'hôtel.

« En avant! s'écria-t-il, en avant, mes amis! — Mort au traître ! »

# XVIII

## LE CHAPERON BLANC ET LES DEUX DRAPEAUX

> « Et les bourguignons prirent le *chaperon blanc*, et ceux auxquels on le refusoit, c'étoit signe qu'on les tenoit pour armognacs. »
> JUVÉNAL DES URSINS (1413).

> « A Paris fut faite une livrée uniforme de huques (petits manteaux) de deux violets de diverse couleur, et y avoit en écrit : LE DROIT CHEMIN, sur une grande croix blanche. »
> *Idem* (1414).

Gerson, arrivé dans les vastes galeries qui s'étendaient sous les voûtes, y trouva un grand nombre de personnes réfugiées ; tous les hommes honorables du quartier se pressaient dans cet asile, et chacun se racontait avec effroi les violences et les crimes dont il avait été témoin ; mais, bien qu'entouré d'amis, le chancelier était dans une anxiété que l'on peut bien concevoir. Du haut de son asile, par les étroites embrasures ouvertes sur le Cloître, il venait de voir son hôtel envahi par la troupe furieuse, qui poussait des clameurs de mort. — Et Médéric, Médéric, qu'est-il devenu ?

Et, dans son inquiétude, il voulait redescendre ; mais tout le monde le retenait, et alors il parcourait à grands pas toute la longueur des salles hautes, lorsque tout à coup l'explosion d'une joie féroce attira son attention. Il courut vers une lucarne, et vit, ô douleur, sa bibliothèque, ses chers livres, ses vêtements sacerdotaux rouler sur la Seine agitée et fangeuse, et il lui sembla même qu'on venait d'y jeter un corps.

« Médéric ! » Gerson poussa ce cri de terreur, et vainement les personnes qui l'entouraient cherchèrent à le rassurer en lui affirmant qu'il n'avait vu autre chose que des habits gonflés par le vent ; il tomba dans un abattement profond, allait, venait, et n'interrompait de temps à autre sa marche silencieuse que pour regarder à droite, à gauche, sur le parvis.

« Il ne vient pas, » se disait-il avec désespoir. Ce fut bien pis lorsque la nuit fut venue. Les ténèbres, ajoutées à de telles angoisses, les rendent intolérables, et celles de Gerson étaient portées au plus haut degré. A cette même heure de la nuit, sa famille éprouvait des tourments non moins horribles. Le bruit de ce qui se passait à Paris était arrivé jusqu'à la bourgade, et avait retenti, dans ces calmes campagnes, comme l'écho d'une épouvantable explosion. M<sup>me</sup> de Montaigu, toujours vêtue de noir, toujours livrée à une humeur lugubre comme son costume de veuve, ne cessait de dire : « Je le prévoyais ! cet orage devait éclater un jour. » Dans ces moments d'agitation, les habitants du château envoyaient tous les jours un exprès à Rethel pour savoir des nouvelles de Paris, et trois des sœurs de Gerson, venues un soir à Romance avec Ursule et Marie, y attendaient le retour du messager. On s'entretenait à demi-voix, comme lorsqu'on se parle de choses effrayantes. Tout à coup le bruit du galop précipité d'un cheval se fait entendre, et une minute ne s'est pas écoulée que l'exprès est là et remet une lettre à M<sup>me</sup> de Montaigu.

D'une main que font trembler l'émotion

et l'empressement, elle rompt le cachet noir et lit d'un œil rapide. Que le silence qui régnait alors dans le vaste salon était imposant! Avec quelle anxiété Marie, Ursule et les sœurs de Gerson suivaient sur le pâle et maigre visage de Mme de Montaigu tous les mouvements de pitié, de douleur, de colère, que la lecture de la lettre y faisait passer comme autant de nuages poussés par la tempête! Elles auraient voulu l'interroger, et n'osaient. Ce fut donc avec autant d'intérêt que de terreur qu'elles l'entendirent se préparer à répondre aux questions que lui avaient adressées messire Anselme et Mme de Romance.

« C'est mon beau-frère, messire Gérard de Montaigu, l'évêque de Paris, qui m'écrit, » dit Mme de Montaigu; et, après ce court préambule, elle lut ce qui suit :

« Ne craignez rien pour moi, je suis en
« sûreté. Quant à la pauvre ville de Paris,
« elle est, au contraire, plongée dans toutes
« les horreurs de l'anarchie et des violences
« populaires. Ainsi que vous l'avez appris
« par mes lettres précédentes, les compa-
« gnies de bouchers, commandées par Ca-
« boche et suivies de vingt mille hommes,
« les rebuts les plus hideux de la population,

« après avoir dépouillé les gens devenus
« riches par suite de dilapidations, et je ne
« plains guère ces coupables agents, ont
« étendu leurs mains rapaces et sanglantes
« sur les hommes que la fortune de leur fa-
« mille ou leurs propres travaux ont enri-
« chis. Aux vols ont succédé les égorge-
« ments, et chaque matin on voit flotter sur
« la Seine les cadavres des victimes de la
« nuit.

« Un chaperon blanc est la coiffure par
« laquelle se distinguent les bourreaux ou
« leurs adhérents, et ils ont forcé le mal-
« heureux Charles VI et sa famille à se pro-
« mener dans Paris le front couvert de cet
« insigne. La couleur de l'innocence, de la
« pureté, de la candeur devenue celle du
« crime! quel bouleversement dans les
« idées! Le sang des malheureux arma-
« gnacs ne jaillira-t-il pas de toutes parts en
« taches vengeresses sur ces bonnets d'as-
« sassins?

« Les prisons regorgent de captifs, et des
« captifs les plus illustres. Ce matin même
« le duc de Bar, le chancelier de Guienne,
« et bien d'autres, ainsi que les dames et
« demoiselles de la cour, ont été enlevés de
« l'hôtel même du dauphin par la popula-

« tion effrénée. Jean sans Peur assistait en
« quelque sorte à ces actes de fureur. Notre
« ami le chancelier...

—Qui, qui ?... Madame..., notre frère !...
messire le chancelier ! mon frère ! » Ce cri,
poussé par les sœurs de Gerson et répété par
Ursule, arrêta M^me de Montaigu ; mais elle
se hâta de répondre :

« Notre ami le chancelier de France, Ar-
« naud de Corby, ce pauvre vieillard ! ils
« n'ont pas respecté ses quatre-vingt-huit
« ans, les misérables ! et ils l'ont entraîné
« dans des cachots où l'on meurt, tant on
« s'y trouve en foule.

« On me dit en ce moment que dans la
« grande salle de l'université on délibère
« sur les moyens d'arrêter ces désordres par
« lesquels tout va périr. Maître Eustache de
« Pavilly, et quelques autres ardents pro-
« moteurs de ces troubles, veulent couper
« l'incendie qu'ils ont eux-mêmes allumé.
« Pourront-ils à présent l'éteindre ?

« Le roi est toujours malade. Pauvre roi,
« il voulait faire le bien de la France, et ne
« reprend de temps à autre un moment de
« raison que pour voir les maux qu'il en-
« tasse sur elle dans ses accès de folie. Mal-
« heureux homme ! que je le plains ! il

« faudrait pour sa tête le calme parfait, le
« repos le plus absolu, et son règne n'est
« qu'un long orage !

« Adieu.

« GÉRARD DE MONTAIGU. »

« Mais mon enfant ! Mais mon frère !
— Mais Médéric, s'écrièrent à la fois Ursule,
Marie et les sœurs de Gerson ; que sont-ils
devenus dans ces tumultes et ces massacres,
ô mon Dieu ? » M^me de Montaigu ne put rien
répondre, et chacun se retira bien triste
pour aller passer une nuit d'insomnie et de
mauvais rêves.

Escortées d'un garçon de ferme qui les
avait accompagnées afin de les reconduire
la nuit à travers le bois de Barby, les sœurs
de Gerson quittèrent le château de Romance
à neuf heures et demie pour aller rejoindre
leur père. Le pauvre Arnaud, plus qu'octogénaire,
quoiqu'il n'allât plus guère aux
champs, avait entendu à la dérobée quelques
mots sur les troubles de Paris, et vivait
dans une agitation fatale à cet âge, qui a
tant besoin de repos pour compenser et réparer
de si longues fatigues. Comment dire
à leur père ces nouvelles, toutes mauvaises,
toutes inquiétantes, et pas une seule parole

qui pût le rassurer relativement à son fils, à leur frère ? Les suaves parfums qui s'exhalaient de toutes parts sous leurs pieds, au fond des massifs de la forêt et à la clarté délicieuse de la lune, qui semblait se jouer entre les branches nouvelles balancées par la brise, ces scènes si calmes de la nature qui sommeille étaient alors pour leurs âmes tourmentées un déchirant contraste. « Mon Dieu! que n'est-il ici! se disaient-elles; que n'est-il ici, entre nos bras, sur le cœur de notre mère! »

En ce moment même Gerson, nous le savons, vivait dans un horrible état d'angoisse. Il n'osait plus espérer de revoir Médéric. Ce cadavre jeté à l'eau sous ses yeux lui apparaissait sans cesse. Cet homme si courageux, si inébranlable devant un péril utile à braver pour le bien de la société, de la loi, de la justice, était atterré par la douleur; et puis bien des fois, sortant de ce mortel abattement, il avait voulu descendre des voûtes dans les cloîtres pour chercher Médéric; mais les séditieux erraient toujours autour de l'église; ils avaient formé au coin de chaque rue des corps de garde, et tous les compagnons de refuge du chancelier s'opposèrent à ce qu'il risquât sa vie, si nécessaire à l'Église, à l'État, à l'humanité tout entière.

Quatre heures du matin venaient de sonner lentement à l'horloge de l'église, et le sourd bourdonnement des quatre coups, semblables à des glas funéraires, se prolongeait dans les profondeurs des galeries voûtées, lorsqu'un petit bruit monta du bas de l'escalier de la tour. Gerson l'entendit le premier. L'oreille inquiète devine en quelque sorte. Le bruit augmentait : il n'y avait plus à en douter, quelqu'un montait d'un pas rapide, aussi rapide du moins qu'il était possible dans les obscures sinuosités de la *vis*.

Gerson, le cœur palpitant, se précipita vers le lieu où débouchait l'escalier. Il n'avait pas un vain espoir : c'était bien Médéric !

Tout le monde, dans le saint asile, prit une part sincère à la joie du chancelier : il est si doux de voir le bonheur de quelqu'un que l'on aime ! et chacun oublia, pour les féliciter l'un et l'autre, les dangers auxquels ils étaient tous constamment exposés, même au fond de ce sanctuaire ; mais leurs anxiétés ne tardèrent pas à renaître quand Médéric leur raconta comment, arrêté dans l'hôtel et pressé de déclarer la retraite de Gerson, il n'avait été sauvé de la mort que par cette même femme qui arrêta un instant les assassins du chancelier : il avait été forcé de les suivre jusqu'à l'hôtel du duc de Guienne, puis ils voulaient contraindre ce prince à livrer au peuple tous les amis, tous les serviteurs dévoués qui entouraient et protégeaient sa personne.

« Et les assassins, poursuivit Médéric, se sont donné rendez-vous pour aller aujourd'hui au palais Saint-Paul.

— Que faire?

— Tuer le roi, mon Dieu!

— Je ne sais, reprit Médéric ; je ne cherchais qu'à me tirer de leurs rangs, et, Dieu soit loué! je l'ai pu vers la fin de la nuit. Que je suis heureux! » Puis attirant à part, comme pour l'avoir à lui seul, son bien-aimé maître Gerson :

« Combien vous avez dû être inquiet, Messire!

— Dieu le sait! mais tout est passé, te voilà!

— Et ma mère! et ma sœur! quels doivent être leurs tourments! reprit Médéric.

— Et mon pauvre vieux père! et mes sœurs! » ajouta Gerson en soupirant. Mé-

...déric poussa en même temps un long soupir ; il essuya ses yeux, et d'une voix triste :

« Savez-vous, Messire, le malheur qui m'est arrivé ?... oh ! mais un grand, un véritable malheur ! ce précieux présent qui me venait de vous, que vous m'aviez tant recommandé ! ce livre consacré par les larmes du pécheur repentant, eh bien ! je n'ai pu le sauver ! Je le tenais sur mon cœur, je le défendais contre ceux qui voulaient me le prendre, et je ne voulais me le laisser enlever qu'avec la vie, car il était ma pensée de chaque jour, ma prière... O mon Dieu ! ils m'ont arraché le manuscrit de messire Anselme !

— On l'a jeté à la rivière, comme mes livres ?

— Non, Messire ; mais celui qui l'a pris l'a mis dans la poche de son surcot... Il l'aura trouvé trop beau pour le détruire.

— C'est une grande perte, mon enfant. C'est une âme pénitente passée en des mains impures, mais tu prieras encore plus vivement pour elle ! »

Bientôt, tranquille sur le sort de Médéric, Gerson retomba ou plutôt remonta avec la sérénité de son âme dans ses plus hautes contemplations. C'est là sans doute, au sommet du sanctuaire, qu'il composa son magnifique traité du *Mont de la contemplation*, adressé en français à ses sœurs ; mais cette paix de l'inspiration pieuse fut bientôt mise en fuite par des cris affreux poussés au dehors. Le parvis, le cloître, les bords de la rivière, tout se couvrit, tout se remplit de monde. A voir, du haut des voûtes de l'église, le mouvement d'ondulation de cette foule et les bras menaçants qui s'agitaient sur toutes les têtes, à entendre l'incessante vocifération de ces milliers d'hommes, on se serait volontiers cru sur le sommet d'une falaise, au bord d'une mer battue par la tempête.

Un nombreux détachement de séditieux armés de lances, de fourches, de pelles de fer, d'énormes bâtons, de massues de bouchers, ou de longs couteaux, s'était porté à l'entrée des tours. Ils avaient en un clin d'œil jeté de côté la massive pièce de chêne qui en fermait l'entrée. Déjà on entendait avec terreur ce torrent débordé monter en poussant des hurlements qui produisaient des sons étranges dans le tube étroit où se déroule l'escalier. Ces bruits avaient quelque chose du retentissement que prend une voix en traversant une trompette.

« Le tocsin ! le tocsin à toutes les cloches ! — Il y a du monde de caché là-haut ! — Bon ! les voilà pris au trébuchet. »

Gerson, Médéric et tous leurs compagnons de refuge étaient perdus, si le carme Eustache de Pavilly, qui traversait en ce moment le parvis pour aller au palais Saint-Paul, n'eût ordonné à ces tapageurs de le suivre. Ils obéirent en murmurant, et se joignirent aux milliers d'*équarrisseurs*, de *cousturiers*, de *garçons tailleurs*, d'*écorcheurs* et de *tripiers* qui marchaient dans un désordre bien fait pour exciter la terreur. Aussi toutes les boutiques se fermaient-elles sur leur passage, et les marchands, qui ne vendaient rien depuis longtemps, commençaient à s'apercevoir que tout commerce mourait, grâce à ces démonstrations que l'on faisait soi-disant pour le *bien du peuple*.

C'est à l'aide de ces mots fallacieux que l'on avait entraîné des étudiants de première année, dont les chaperons neufs et d'une blancheur digne de l'innocence se faisaient remarquer dans cette foule hideuse. Pauvres dupes de conspirateurs émérites, ils les suivaient avec un courage qui eût été beau dans une bonne cause, et Jehan Carlier était éminemment un de leurs meneurs.

Factieux exercé, il ne se livrait plus depuis longtemps à ces effervescences de la rue qu'avec la froideur la plus complète, et cette froideur lui permettait de réfléchir; il voyait parfaitement que la longue émeute des cabochiens était sur le point de finir, et que, le duc de Bourgogne battu, le duc d'Orléans remontait au pouvoir. Il fallait donc retourner alors au parti d'Orléans; aussi le matin, avant de sortir de son repaire, avait-il eu soin de mettre, ainsi qu'il faisait dans les moments douteux, le drapeau des bourguignons dans sa poche gauche, dans sa droite le drapeau des armagnacs, bien décidé à arborer l'un ou l'autre suivant la circonstance, et à crier *vive!* pour le parti qui sortirait vivant de la lutte.

Une chose le tourmentait cependant beaucoup : c'était un des principaux détails de son costume, le plus visible, le moins facile à cacher, son chaperon blanc. Les bourguignons avaient adopté une manière particulière de le porter, la patte à gauche, et par conséquent la cornette du côté droit; et cela parce que les armagnacs, lorsqu'ils se coiffaient du chaperon blanc comme d'une sauvegarde, le plaçaient sur leur tête précisément dans le sens contraire, et voilà justement ce qui jetait Jehan Carlier dans une perplexité bien cruelle à la pensée d'un changement de vent.

Il n'en suivit pas moins sa bande jusqu'au palais Saint-Paul, que les effrénés envahirent, et après avoir mis garnison dans trois des cours ils forcèrent l'entrée de la chambre du roi, sans pitié pour sa touchante démence, et Charles fut obligé d'écouter une déclamation furieuse, toujours sous prétexte du bien public. Le duc de Guienne, le prince royal, fut ouvertement insulté, menacé, et la meute sanglante ne se retira qu'avec une sanglante curée dont la Seine roula les débris aux regards épouvantés de Médéric et de Gerson.

Le lendemain, ce furent encore les mêmes scènes, et le soir le duc de Guienne, assailli dans son hôtel par les violentes remontrances de quelques chefs des bouchers, se vit contraint de recourir au poignard qu'il portait à sa ceinture. Il fut dès lors évident pour tous les Parisiens que leur vie était en aussi grand péril que l'État, et, après quelques pourparlers avec les quarteniers de la ville, à la suite d'une assemblée tenue par ces derniers dans l'église Saint-Germain-l'Auxerrois, une grande troupe de bourgeois conduite par eux se répandit, criant avec toute la force d'un désir sincère : *La paix! la paix!* Beaucoup de suppôts de l'université se joignirent à cette foule; ils devaient sentir plus que tous les autres pour leurs calmes études le besoin du repos, et bientôt cette éclatante manifestation d'un peuple las de tant d'agitation fut sanctionnée par la présence du dauphin et des princes, y compris même le duc de Bourgogne. Il fallait pour contraindre celui-ci à cet acte de dissimulation que la majorité de ceux qui demandaient à haute voix la paix fût bien imposante.

Aussi lorsque l'immense cortége passa sur le bord de la rivière en se rendant au Châtelet pour délivrer les armagnacs captifs, ceux des bouchers qui n'avaient pas pris une fuite prudente se tenaient-ils parfaitement cois, et les plus acharnés d'entre les séditieux allèrent exhaler leur dernier souffle envenimé dans les quartiers encore étrangers à ce mouvement du retour vers l'ordre.

Jehan Carlier, à la tête d'une bande qui le conduisait plutôt qu'il n'en était le chef, bien qu'il fût en tête, parcourait en ce moment même les rues de la Cité, poussant le cri : *A bas les armagnacs*, ou plutôt faisant

Toutes les armes tombèrent à sa voix.

semblant de le prononcer; car, à vrai dire, il n'avait pas la force de vociférer, et pensait à tout autre chose. Averti de ce qui se passait, il ne songeait plus qu'à s'esquiver subitement et à rentrer à son logis. C'est ce qu'il put faire au détour de la rue des Marmousets, et il tâcha de se glisser par les ruelles les moins fréquentées vers le Petit-Pont, pour monter jusqu'à la rue des Noyers, où il avait son galetas. Il n'avait fait aucune mauvaise rencontre rue Cocatrix, rue des Deux-Ermites, et même rue Saint-Pierre-aux-Bœufs; mais il fallait absolument qu'il traversât le parvis.

Or il y avait à peine mis le pied qu'un homme coiffé d'un chaperon blanc, à la façon des armagnacs, dit en le regardant en face : « Maudit bourguignon, je te ferai mettre ton chaperon du bon côté. »

Il ne se laisse pas dire deux fois : la patte est d'un tour de main mise à droite, du côté du drapeau armagnac, et Jehan Carlier passa sain et sauf; mais à quelques pas de là voilà que deux autres hommes s'arrêtent devant lui.

« Quel est donc ce maudit armagnac qui vient là? Nous allons lui retourner son chaperon tout à l'heure. » Jehan Carlier n'attend pas que les deux bourguignons lui rendent ce service; zeste! la patte à gauche.

« La paix! la paix! » s'écrie un grand et vigoureux gaillard au nez de Jehan Carlier, qui poursuivait son chemin du pas le plus agile qu'il lui fût possible; car il chancelait, il tremblait, le poltron! « La paix! et tu crieras : *La paix!* ou je fais sauter ton chaperon! » Le geste va avec la parole comme la foudre avec l'éclair. Le chaperon de Jehan Carlier est sur le pavé, et son possesseur, décoiffé si brutalement, crie : *Vive la paix!* Et il passe!...

Il allait enfin sortir de ce parvis pour rentrer dans ses bien-aimées petites rues tortueuses et sales comme son âme, quand voilà qu'il se trouve face à face... avec qui?... avec sa troupe..., avec la troupe qu'il avait désertée!

« Ah! le voici, le traître! tu tiens ton chaperon à la main parce que tu ne sais comment le mettre! Attends, attends, nous allons t'en débarrasser; nous te coifferons d'un bon coup de massue, tu vas voir... A bas! à bas! » Et deux de ces hommes le saisissent par les deux côtés de son surcot, et l'entraînent à l'écart pour lui donner la mort. Il se débat; il lutte en désespéré, et voilà que de ses poches en lambeaux sortent ici le drapeau des armagnacs, là le drapeau des bourguignons.

« A bas le traître ! à bas ! il en avait un pour toutes les circonstances ; à bas ! »

En ce moment trois à quatre cents armagnacs qui venaient proclamant la paix mirent en fuite les bourguignons. Jehan Carlier respirait ; il s'était cru mort, il se retrouvait en vie ; mais les armagnacs, voyant à son côté le drapeau du duc de Bourgogne, dirigèrent bientôt sur lui cinq ou six épées. Cette fois il était perdu.

En ce moment même Gerson avec Médéric et les autres personnes réfugiées dans les voûtes, ayant entendu le cri de *paix ! paix !* s'élever jusqu'à eux de tous les quartiers de Paris, descendaient l'escalier de la tour. Le chancelier venait d'en franchir le dernier degré, lorsque Jehan Carlier, pâle, à demi mort, affaissé sur ses jarrets brisés par l'épouvante, trouva encore la force de crier d'une voix étranglée :

« Miséricorde ! miséricorde ! messire Gerson ! messire Johannes Gersonius, miséricorde ! »

Gerson, sortant de sa retraite au-dessus du sanctuaire et descendant, pour ainsi dire, du ciel, ne vit en rentrant dans la vie active rien de plus beau que d'être utile à un homme, quelque peu digne qu'il en fût. Il s'avança donc vers le groupe : tous les fronts s'inclinèrent, toutes les armes tombèrent à sa voix, et Jehan Carlier fut libre.

Quant aux protestations de reconnaissance que ce fourbe lui prodigua en faisant mine de tomber à ses pieds, Gerson ne les écouta pas, car il reconnaissait bien l'homme qu'il avait sauvé ; mais il venait de rendre le bien pour le mal ; cette pensée le consola lorsqu'il rentra dans son hôtel pillé et dévasté.

# XIX

## L'INSCRIPTION SUR LA MURAILLE

> Il ne faut point menacer ou occire (tuer) aucun, les autres en seroient plus animés à défendre l'autorité royale et la vérité. Donnez que on en occira un pour dire vérité : quoi de cela ? Il viendra plutôt en gloire, et sera délivré de grands maux.
>
> *Discours prononcé par* GERSON *devant le roi*, 1413.

Telles furent les paroles pleines de force et de vertu qu'à peine hors de l'asile qui conserva à la société une voix si puissante, Gerson prononça devant le roi, au nom de sa bonne ville de Paris, de son parlement, de sa chevalerie, de sa bourgeoisie et de son clergé. Le pieux orateur obtint alors un pieux et légitime triomphe ; car il ne fut jamais si éloquent, soit qu'après avoir souhaité au roi une longue santé il lui représentât au vif les troubles de la ville, durant lesquels un honnête homme n'osait aller par le chemin, quand un meurtrier y allait tête levée; soit que, rappelant le boqueton adopté par les Parisiens dans le précédent chapitre, il s'écriât : « Et quel est, Sire, le droit chemin? C'est celui qui ne va ni à droite ni à gauche, qui est patent et public, sans embûches, sans fraude ou déception. »

L'université tout entière adressa à Gerson des actions de grâces pour avoir si bien parlé en son nom, et Médéric, au comble de la joie, écrivit aussitôt à sa mère pour annoncer ce triomphe, dont il se sentait glorieux, tant il aimait son illustre maître. Ne croyez point que ce fût la première fois qu'il écrivait depuis sa sortie des tours de Notre-Dame. A peine rentré dans l'hôtel dévasté, il avait senti combien on devait être inquiet au hameau, et il y avait donné des nouvelles de Gerson et de lui. La paix était donc rentrée dans l'intérieur de maître Arnaud et sous l'humble toit de Marie et d'Ursule, lorsque arriva la lettre par laquelle Médéric proclamait la gloire de Gerson. Ce fut alors un contentement sans mélange, et cette lettre, lue et relue plus d'une fois au presbytère, chez la Guyote, au château, répandit dans la paisible contrée la joie du plus pur orgueil.

Paris et la France respiraient avec le sentiment du bien-être que l'on éprouve au sortir d'une foule qui nous a pressés, accablés, suffoqués, et la première pensée qui vint aux habitants de Paris fut une pensée de réparation. Des services solennels furent célébrés à Notre-Dame et aux Célestins pour le repos de l'âme de Louis d'Orléans, et le meurtrier, le duc de Bourgogne, devint en horreur à la population ; on s'aperçut enfin que, pour le justifier, son avocat, Jean Petit, n'avait eu d'autre moyen que celui de préconiser le meurtre, l'assassinat, la mort donnée par derrière, et dès que Jean sans Peur fut reconnu avoir commis une perfide lâcheté, chacun l'abandonna. Ce fut à ce point qu'à deux ans de là, étant revenu jusqu'aux portes de Paris pour tenter les habitants, toutes les barrières furent fermées, et que des émissaires envoyés aux commandants de la porte Saint-Honoré pour tâcher de les séduire furent énergiquement repoussés, et renvoyés assez honteusement pour contraindre leur maître à reprendre à l'instant le chemin de ses États.

Pendant ce court règne de la justice, Gerson reçut la récompense de ses vertus, qui étaient aussi élevées que les facultés de son intelligence. Il fut désigné pour se rendre au célèbre concile de Constance au nom de l'Église, de l'université et de la couronne, comme ambassadeur de France. Ainsi par cette triple dignité il devait représenter, devant la chrétienté réunie autour du pape et de l'Empereur, la puissance de la religion, la puissance du savoir, la puissance du trône et de la royauté.

Médéric ne pouvait désormais se séparer de Gerson; leurs existences étaient liées étroitement par la protection affectueuse de l'un, par la vive reconnaissance de l'autre. L'élève assista donc avec joie son maître dans les préparatifs du départ. Ces apprêts ne furent guère considérables; car les dévastateurs de l'hôtel, guidés par Jehan Carlier, avaient laissé peu de chose à emporter après eux, et le chancelier, pauvre comme nous le savons, ne fut pas en état de remplacer tout ce que lui avait enlevé le pillage. Il était même bien des objets irrévocablement perdus, et Gerson n'avait pas la force de retenir un soupir toutes les fois qu'il regardait le bahut vide où étaient naguère ses livres, et un large portefeuille qui contenait ses cahiers d'écolier et ses diplômes.

Dès que l'on sut à Barby de quelles hautes dignités était revêtu Gerson, Gerson un enfant du pays, qui portait le nom du pays même, il y eut, pour ainsi dire, réjouissance publique; et ce fut bien autre chose lorsque, en janvier 1415, on apprit qu'il devait passer quelques jours dans la maison paternelle. Tout fut dès lors en mouvement pour faire au chancelier une digne réception.

Gerson avait quitté Paris suivi de trente personnes attachées à son ambassade; mais, arrivé à un certain point de la route, il se sépara de sa suite, qu'il devait rejoindre à Bâle, et se dirigea vers la droite du côté de Reims et de Rethel. Quoiqu'il voyageât avec le moins d'appareil possible, son arrivée fut bientôt connue à Reims, et il fut prié d'assister solennellement à un office célébré dans cette vénérable métropole; à Rethel, le clergé lui rendit les mêmes hommages, et après avoir passé dans cette ville il prit le chemin du hameau.

A peine Médéric eut-il aperçu le bois de Barby qu'il s'écria : « Oh! Messire! comme la façade blanche du château de Romance brille au soleil ! Qu'il fait beau ! les arbres de la route sont tout couverts de diamants qui scintillent au soleil. Dieu veut célébrer votre venue au pays natal. »

Gerson admirait aussi les éclatants festons de neige suspendus aux branches, chaque gouttelette gelée réfléchissant les couleurs de l'arc-en-ciel, magique spectacle que présente une campagne par une belle matinée d'hiver, et il exprimait sa pieuse admiration lorsqu'un carillon joyeux, si l'on peut nommer carillon l'accord des deux seules cloches de Barby, interrompit le chancelier. Cette symphonie à toute volée, qui ne s'épandait dans l'air que pour les grandes fêtes, rappela tout à la fois à Gerson sa paisible jeunesse et les jours les plus radieux, les plus fleuris, les plus saints de l'année.

« Pourquoi donc sonne-t-on ainsi aujourd'hui ? demanda-t-il avec simplicité à Médéric.

— Pour votre arrivée sans doute, Messire, répondit Médéric ; et tenez, tout là-haut, au soleil, je vois quelque chose briller... Je le disais bien, c'est pour vous, Messire ; c'est la croix d'argent : comme elles sont étincelantes, les broderies d'or et la bannière de Saint-Marcel ! »

Le village de Barby avait préparé à Gerson la réception la plus magnifique possible, et à mesure que l'illustre enfant du hameau approchait, le carillonneur redoublait de verve. Déjà on pouvait apercevoir derrière la bannière et la croix une masse compacte : c'était toute la population réunie qui marchait avec orgueil au-devant du chancelier, et Gerson ne tarda point à reconnaître la voix de messire Anselme. Le vénérable pasteur, en vêtements sacerdotaux, venait lui adresser un chant de salutation et d'action de grâces, que répétaient d'une voix un peu moins cassée son vicaire, et avec l'accent le plus frais et le plus pur deux rubiconds enfants de chœur.

Après une touchante allocution adressée par messire Anselme à son glorieux élève, après une harangue dans laquelle le plus notable du pays dit à l'illustre chancelier combien Barby et Gerson étaient heureux de l'avoir vu naître, Gerson fut témoin lui-même de la légitime fierté qu'il inspirait à ses compatriotes; car il traversa une double haie composée de gens venus de tous les pays à la ronde, vieillards, hommes, femmes, enfants, qui dépassaient sans cesse l'alignement au maintien duquel veillait avec rigueur un ancien archer en grand costume. Tout le monde était gai, riant, et les visages exprimaient à la fois le bonheur et le respect.

« Je le reconnais bien, se disaient à l'oreille les jeunes gens. — Je l'ai vu si petit, moi!... Je l'ai fait danser sur mes genoux pourtant, répliquaient les vieillards en redressant la tête. — Et dire que le voilà ambassadeur de l'Église, de l'université et du roi de France! »

Était-il, en effet, un homme plus digne de respect et d'hommage que celui qui avait su mériter d'être à la fois l'organe de tant et de si grands intérêts? Eh bien! ces dignités, ces grandeurs, cet éclat, n'étaient plus rien pour Gerson auprès de l'expression touchante, de l'estime et de l'amour de ces simples campagnards, qui avaient entouré son berceau. Il le leur dit avec ces suaves paroles dont il possédait le secret.

Lorsqu'il fut arrivé au portail de l'Église, devant lequel le dais l'attendait, il trouva toute sa famille réunie autour de son vénérable père, que ce beau jour de joie paternelle rajeunissait de dix années. De son côté, Médéric se vit avec bonheur entre sa mère, sa sœur, son aïeule. Les deux familles prirent place au banc d'honneur; et, la messe d'action de grâces célébrée, il y eut chez Arnaud un repas qui dura jusqu'à la fin du jour. Messire Anselme et M<sup>me</sup> de Romance y assistèrent, et entendirent avec l'intérêt le plus vif le récit du séjour de Gerson sous les voûtes de Notre-Dame. Tout le monde était au comble de l'émotion en l'écoutant, surtout lorsqu'il racontait ses angoisses à l'égard de Médéric. Marie, Ursule, regardaient alors avec une tendresse pour ainsi dire inquiète encore leur enfant, leur frère, et l'on entendit Marie dire à demi-voix : « Oh! je serais morte de terreur! »

Durant la veillée, et pendant que s'entre-croisaient de toutes parts les conversations générales sur les événements que l'on avait racontés pendant le dîner, Ursule, Médéric et Marie échangeaient à voix basse des paroles bien tristes sans doute; car leurs visages prenaient une expression de chagrin de plus en plus visible, et ceux des assistants qui auraient pu le remarquer en auraient appris la cause par l'exclamation que Marie laissa échapper presque à haute voix :

« C'est un grand malheur, Médéric! — Ce livre précieux ne devait jamais sortir de vos mains, mes enfants.

— Je le sais, bonne mère. Aussi l'ai-je défendu au péril de ma vie. Dieu a permis qu'il me fût enlevé ; mais nous n'en prierons que plus ardemment pour le malheureux homme qui profana ce saint recueil. »

Les dernières paroles de Médéric se perdirent dans le bourdonnement joyeux de l'assemblée, et l'on se sépara à une heure indue, neuf heures du soir.

Le lendemain, les jours suivants, ces fêtes de famille continuèrent, soit à Romance, soit chez messire Anselme, soit chez Marie, que son habileté pour les travaux de broderie en or et en argent mettait à présent dans une position assez aisée pour qu'elle pût recevoir dignement le père adoptif, le protecteur de Médéric. Le temps s'écoula vite ainsi, et Gerson était arrivé à la veille du dernier jour qu'il devait passer entre son père et ses sœurs.

Toujours, depuis sa première jeunesse et à chaque voyage, Gerson s'était senti le cœur gros lorsque arrivait le moment de la séparation ; mais cette tristesse, jamais il ne la sentit aussi profonde qu'à l'heure de son départ pour Constance, où cependant il allait paraître comblé de tant d'honneurs !

Déjà l'on entendait dans la rue du hameau

tous les habitants se réunir pour escorter Gerson jusque sur la route de Metz, de même qu'ils s'étaient assemblés pour aller le recevoir sur celle de Paris. La foule s'avançait donc vers la porte, lorsqu'au fond de la cour, sur un pan de muraille que l'on venait de dépouiller de son espalier aux larges bras, Médéric aperçut une inscription profondément gravée dans la pierre :

GERSON, *hebraice* EXSUL. — 1379.

« Ces mots sont de votre écriture, Messire ! s'écria Médéric.

— C'est vrai, répondit-il d'un air pensif, et Gerson veut dire, en hébreu, *exilé.* »

Ce souvenir des jours passés redoubla sa tristesse.

Au moment même, messire Anselme frappa à la porte du clos, et bientôt le chancelier, au milieu de toute la population, qui se disputait le bonheur d'être près de lui comme sa famille, se dirigea avec Médéric sur la route de Metz. Oh ! cette pompe fut loin d'être animée et joyeuse comme celle de l'arrivée. Chacun marchait lentement, sans dire un mot, sous le soleil dont la splendeur semblait rendre plus visible encore la commune tristesse ; lorsqu'il fallut échanger le dernier adieu, il ne fut personne qui n'essuyât ses paupières, et la Guyote, Arnaud, en suivant de l'œil Gerson et Médéric, qui s'éloignaient, semblaient dire, tant leurs regards étaient désolés :

« Ils vont si loin et nous sommes si vieux ! »

## XX

## LA FIN DU CONCILE

Gerson, *hebraïce* exsul.

Gerson, à peine arrivé au milieu de la magnifique assemblée de Constance, fit entendre sa puissante voix pour soutenir une proposition de Pierre d'Ailly ; mais il fut dès lors facile à Médéric de voir que le chancelier aurait d'ardents adversaires. Jean sans Peur était bien convaincu que Gerson demanderait au concile la condamnation solennelle de la détestable doctrine émise par Jean Petit pour le justifier, lui, l'assassin. Condamner son avocat, c'était le condamner lui-même ; aussi avait-il ordonné à ses agents de ne reculer devant aucun moyen pour imposer silence à Gerson.

De son côté, Gerson ne recula devant aucun moyen pour dire la vérité, pour exciter la commisération du concile en faveur des princes d'Orléans et du roi, pour appeler toute son indignation sur la tête de Jean sans Peur. Médéric ne pouvait que grandir à l'école d'une si intrépide vertu. Ainsi s'accomplissait l'œuvre de réhabilitation que Gerson avait entreprise. Le fils du coupable Marcel était un homme pur et fort à toute épreuve, un homme à l'image de son maître. Déjà il était diacre, et Pierre d'Ailly, évêque de Cambrai, qui l'aimait, puisqu'il était aimé de son illustre disciple, lui avait promis qu'il l'ordonnerait prêtre avant la fin du concile.

Si la vie parfaite du fils de Marcel était pour le malheureux une intercession puissante dans le ciel, Ursule ne devait pas moins obtenir de grâces pour son père, par sa conduite accomplie; elle rendait heureuses, bien heureuses son aïeule et sa mère : c'était là une belle et incessante réparation; mais au bonheur moral, à ce bonheur de l'âme qu'elle leur assurait, elle ajoutait l'aisance. Ayant profité à merveille des soins que M™° de Romance avait pris plaisir à lui donner, elle était devenue, sous sa direction, fort habile aux travaux d'eluminures. Messire Anselme avait été aussi pour elle un guide éprouvé dans l'étude de cet art, et non seulement Ursule était capable de donner d'utiles conseils à sa mère pour la composition et l'exécution des plus belles broderies, mais encore elle avait acquis de la renommée pour l'ornement et l'enluminure des manuscrits et des missels. Celui de monseigneur l'archevêque de Reims avait été splendidement orné par ses délicates mains, et depuis ce temps elle était toujours occupée d'une façon aussi lucrative qu'honorable.

La voyant si laborieuse et si digne d'estime, il n'était dans le pays aucun homme en âge de se marier qui ne songeât avec bonheur à s'unir pour toujours à Ursule; et, vers le commencement de l'année 1416, un jeune homme possesseur d'une assez jolie fortune en terres labourables et en vignobles sur le territoire de Barby la prit pour femme. Thierry était doué d'un cœur excellent, d'un noble caractère, et, en assurant à Ursule une vie aisée, il lui garantissait aussi un inaltérable bonheur domestique.

Gerson, bien heureux d'apprendre cet événement, trouva le temps d'écrire à Ursule et à Marie pour les féliciter, bien qu'il fût plus que jamais absorbé par les soins les plus importants, ceux de l'Église et de la société. Il venait de requérir avec instance la condamnation de Jean Petit, ou, pour mieux dire, de l'odieux panégyrique du duc de Bourgogne ; les hommes dévoués à Jean sans Peur, parmi lesquels se distinguait Cauchon, auquel le procès de Jeanne d'Arc a donné une célébrité si funeste, attaquaient le vertueux Gerson avec une impudeur telle, qu'ils osaient même l'accuser d'avoir falsifié le texte des paroles de Jean Petit par jalousie contre le docteur.

Gerson jaloux ! Gerson faussaire ! Gerson !... Il n'y avait pas loin de l'emploi de la calomnie, cette arme qui est dirigée vers l'âme, à l'emploi des armes qui vont frapper le corps. Aussi Médéric tremblait-il plus que jamais pour son maître : Gerson ne tremblait, lui, que pour la vérité outragée, que pour la morale publique compromise ; et il parvint, à force d'éloquentes instances, à obtenir la flétrissure des maximes homicides ; mais en même temps il s'attira l'implacable haine de Jean sans Peur, et l'on sait ce dont elle était capable.

Le chancelier était dans cette situation honorable, mais périlleuse, lorsque lui arriva la nouvelle de la mort de son père. « O Médéric ! s'écria-t-il en lui montrant l'avis douloureux que lui donnait Marthe, je sentais bien, mon Dieu ! que je ne le reverrais plus, et c'est ce qui me rendait si triste quand nous le quittions il y a deux ans ! »

Marthe et les autres sœurs de Gerson, n'ayant plus leur père à entourer des plus tendres soins, se rendirent à Reims, et y entrèrent dans diverses communautés de bienfaisance et de secours pour les malades.

La retraite au fond de laquelle elles vivaient les sauva peut-être du coup violent dont un jour furent frappées au cœur la Guyote, Marie et Ursule. Un bruit sinistre leur était venu du château de Romance : c'était l'écho des nouveaux tumultes qui agitèrent Paris du 30 mai au 11 juin 1418. Pendant ces douze journées, la capitale fut sans gouvernement, et sous son dictateur, le bourreau Capeluche, il y eut, outre les malheureux massacrés dans les prisons, cinq cent vingt-deux personnes mises à mort dans les rues. De ce nombre était, disait-on, le chancelier.

Ce qui rendait cette nouvelle très croyable, c'était que Médéric avait annoncé que le concile devait se séparer le 23 avril; Médéric et Gerson auraient eu ainsi tout le temps de revenir à Paris. « Mon Dieu ! se disaient Marie et Ursule, pourquoi ne se sont-ils pas détournés pour passer quelques jours avec nous, comme il y a trois ans, lorsqu'ils se rendaient à Constance ? Nous les aurions retenus, et nous ne serions pas dans cette horrible anxiété ! » Ces angoisses durèrent plusieurs jours ; mais enfin une lettre de Médéric qui leur annonçait que monseigneur Pierre d'Ailly, évêque de Cambrai, l'avait ordonné prêtre, vint sinon les consoler, du moins les rassurer sur la vie de Gerson.

Ce n'était pas lui qui avait été tué dans les rues de Paris ; mais l'erreur avait été toute naturelle, et voici comment. On se rappelle que Jehan Carlier était à la tête des forcenés qui pillèrent l'hôtel du Cloître. Or le premier objet dont il s'empara, ce fut un large portefeuille fermé, et dont la richesse extérieure l'avait trompé sur son contenu. Il ne renfermait pas autre chose que les cahiers de collège de Gerson, et les diplômes obtenus par lui aux diverses phases de sa carrière universitaire, même celui qui le constituait chancelier de l'Église et de l'université. Jehan Carlier ne s'était pas attendu à une trouvaille de si peu d'importance pour lui : il fut sur le point, dans son dépit, de jeter tous ces parchemins à la rivière ; cependant plus tard il réfléchit sur le parti qu'il en pouvait tirer, et finit par y découvrir une dernière ressource. Renonçant donc aux complots, aux conspirations dont le métier était devenu trop dangereux, il prit le costume ecclésiastique, et se mit à parcourir les campagnes, se présentant hypocritement chez les plus ignorants des habitants des hameaux sous le nom de Gerson. — Quel blasphème ! — Sur la foi des titres volés, les curés de village l'accueillaient avec la vénération que leur inspirait le nom de Gerson ; ces modestes prêtres, retirés à l'ombre de leurs autels, privés de toute nouvelle des affaires de ce ce monde, ignoraient même que le chancelier fût à Constance, et la fourberie de Carlier ne réussit que trop longtemps.

Par malheur pour lui, le cours de ses honteux vagabondages le mit dans le cas de traverser Paris, et le 1er juin 1418, au plus fort de la nouvelle sédition, il fut arrêté par une bande de bourguignons, qui étaient redevenus tout-puissants. On l'interrogea, on lui demanda son nom; il trembla en reconnaissant quelques-uns de ses anciens soldats; mais il était si bien déguisé, que ces hommes ne le reconnurent point. A leurs questions il se troubla, il ne sut que répondre; bref, on le fouilla.

« Johannes Gersonius! » lut sur un des parchemins le lettré de la troupe.

« Oui..., Johan... Johannes Gerso..., » lut également un second sur un autre parchemin.

« Il y a Gerson! il y a Gerson! s'écria le chef; nous le tenons enfin, cette fois. Voilà bien le dernier des trois que nous avait recommandé Jehan Carlier. » Et, sans plus tarder, tous passèrent de part en part leurs longues épées dans la gorge d'où étaient sorties de si édifiantes recommandations.

Jehan Carlier périssait par où il avait péché, c'était bien le cas de le dire. Telle fut la cause du bruit qui se répandit sur le sort de Gerson, tandis qu'il vivait encore, mais à l'étranger, mais dans l'exil, ainsi que semblait le prédire son nom. Les violences dont il fut l'objet au concile même lui prouvèrent qu'il ne pourrait rentrer en France qu'au risque de périr par le poignard des assassins du duc de Bourgogne, de périr sans aucun profit pour son pays. Ses sœurs étaient à présent hors du monde ; son père, il ne devait plus le revoir qu'au ciel. Aimant donc mieux donner à Dieu qu'aux hommes les jours qui lui restaient, il résolut de se livrer tout entier à la vie contemplative, vers laquelle son âme tendre et pieuse s'était tournée, mais que jusqu'alors il avait fuie pour entrer avec ardeur dans la vie active et pour être utile à sa patrie.

Toutefois, avant de se mettre en chemin du côté de la Bavière et de s'éloigner de la France, il dit à Médéric qu'il ne voulait pas le retenir loin de sa famille. Médéric avait depuis deux ans montré à Gerson un ardent besoin de revoir son pays ; mais un besoin plus grand encore pour son cœur, c'était l'amitié, c'était la gratitude, le dévouement. Il déclara donc à son maître qu'il ne le quitterait jamais, que partout où il irait, il le suivrait ; et Marie, informée de la noble résolution de son fils, lui répondit en pleurant qu'il avait bien fait d'obéir à la sainte voix de la reconnaissance.

# XXI

## L'ENFANT TROUVÉ ET LE MANUSCRIT AUX ENLUMINURES

> Et mêmement dois-tu vouloir que les petits enfants présentent ta prière à Dieu ; car ils sont dans sa grâce. Aussi tu vois que le fils du roy qui n'aura aucun âge d'entendement présente à son père une supplication pour un malfaicteur ; et le roi lui octroiera, ce qu'il ne feroit si le malfaicteur la présentoit pour lui-même.
>
> *Traité de la mendicité spirituelle.*
> GERSON.

Tandis que Médéric et Gerson longeaient les délicieuses rives du lac de Constance et s'enfonçaient au delà, dans les montagnes de la Bavière ; pendant que, l'un dictant, l'autre écrivant, se composaient les quatre livres de la CONSOLATION DE LA THÉOLOGIE, ouvrage touchant qui valut à Gerson le titre précieux de *docteur des consolations*, durant ces années d'exil et de retraite du chancelier, la France était dans un état déplorable. Elle n'était plus France, elle était Angleterre. L'odieuse Isabeau avait profité de l'état de démence du pauvre roi pour l'amener à déshériter son fils au profit du souverain anglais; et lorsque Charles VII, aussitôt après la mort de son père, se fut fait couronner à Poitiers, il fallut qu'il entrât en campagne pour conquérir les armes à la main son malheureux royaume.

Lyon cependant était du parti du roi. Le duc de Bourgogne, les Anglais n'y avaient donc aucun pouvoir; et comme un des frères du chancelier était prieur du couvent des Célestins de cette ville, Gerson, se sentant un désir touchant de mourir sur le sol natal, vint s'établir avec Médéric dans deux des cellules du monastère que dirigeait son frère. Il n'avait pas songé à revenir au hameau, car tout le pays était sous la domination bourguignonne et anglaise; mais ses lettres y venaient du moins, et jamais il ne se passait un mois sans que messire Anselme, Marie et Ursule reçussent de nouveaux détails sur la vie toujours plus belle du chancolier. Ses actions, ses écrits portaient un reflet toujours plus éclatant du ciel, vers lequel il s'élevait de plus en plus.

La vieillesse de la Guyote était heureuse aussi entre Marie, Ursule et trois petits-enfants qui lui souriaient toujours. Le jeune ménage avait enfin accompli sa douzième année de bonne union, lorsque des affaires importantes nécessitèrent la présence de Thierry à Paris. C'était pour sa femme l'occasion d'un voyage depuis longtemps désiré; elle partit donc après avoir recommandé ses enfants aux soins de la Guyote et de Marie.

« O ma fille! tu peux être tranquille, lui répondirent-elles en l'embrassant; nous n'avons pas oublié nos horribles tourments d'autrefois pour toi et pour Médéric. »

Ursule et Thierry entrèrent dans la capitale au commencement de mai 1429, le jour même où s'y répandait la nouvelle de la levée du siège d'Orléans, premier triomphe de cette inspiration divine personnifiée dans une jeune fille, l'héroïne Jeanne d'Arc. Dans la grande ville, que cette nouvelle tira de son abattement, une émotion de noble joie rayonnait sur tous les visages; les cœurs français recommençaient à battre à l'aise;

et Ursule, Thierry, qui partageaient le contentement universel, voulant observer ce jour comme une fête, entreprirent une longue promenade.

Ils avaient déjà visité le Louvre, le grand Châtelet, le Palais; du haut des tours de Notre-Dame ils avaient admiré la vaste ceinture de Paris, et à leurs pieds l'hôtel du chancelier, cette calme demeure sanctifiée par la vertu, lorsque Ursule voulut voir l'église où Gerson et Médéric prièrent tant de fois. Ils y étaient à peine entrés par la porte latérale de gauche, qu'ils aperçurent du côté opposé un groupe de femmes qui se parlaient à demi-voix. Elles étaient autour du berceau sur lequel on exposait les enfants trouvés et abandonnés, et l'une d'elles, les larmes aux yeux, montrant à celles qui l'écoutaient un petit garçon d'un an à peine, blanc, rose, charmant de visage :

« Pauvre petit! disaient-elles, je l'ai vu naître. Son père, veuf depuis deux mois, vient de se tuer en tombant du haut d'un toit; son grand-père, — voyez quel malheur il y a dans les familles! — son grand-père, guichetier du Châtelet en 1396, a été assommé par un prisonnier qui cherchait à s'évader, par ce scélérat de Marcel!... Et voilà le pauvre petit être abandonné! Oh! il ne le serait pas si j'étais seulement sûre de mon pain de chaque jour; mais le laisser mourir de faim près de moi!... » et elle pleurait.

Ursule et Thierry, ayant traversé l'église, arrivèrent pour entendre ces derniers mots, et d'un commun mouvement ils s'approchèrent du lit de bois, prirent la petite créature et la couvrirent de baisers en signe d'adoption. Comme la bonne femme qui n'avait pas vainement imploré la pitié publique les remercia, on peut se le figurer; et eux, plus heureux que s'ils eussent trouvé un trésor, sortirent de la cathédrale.

« Mon ami, dit Ursule à Thierry, c'est Dieu qui veut que nous ayons deux garçons aussi bien que deux filles. Qu'il est gentil, cet enfant!

— Et son nom, son nom !

— C'est vrai, reprit Ursule; mais en approchant du groupe j'ai entendu prononcer celui de Marcel... Marcel! c'est son nom..., oh! bien sûr! C'est le sien! c'est celui du patron de Barby... Le beau nom que Marcel! »

Que les voies de la Providence sont merveilleuses! Ainsi le nom du criminel s'épurait en descendant sur la tête d'une créature innocente, et Ursule réparait à son insu les crimes commis par son père en adoptant sous le nom de Marcel le petit-fils de la victime. Elle venait de s'arrêter pour l'admirer et le faire admirer à son mari, lorsqu'au coin d'une rue, près du Louvre, elle aperçut dans une boutique plusieurs manuscrits dont les enluminures étincelaient au soleil. Entrer chez ce marchand, ce fut pour elle comme une inspiration; elle se mit à examiner en véritable connaisseuse quelques-uns de ces manuscrits richement enluminés. Il en était un surtout qu'elle feuilletait d'un doigt rapide en le montrant à Thierry, en lui parlant à l'oreille; et le marchand, qui la regardait avec l'intérêt d'un homme qui veut vendre, la vit tressaillir lorsqu'elle arriva à une certaine partie du livre.

« Ah! oui, cette page déchirée me fait grand tort, lui dit-il tristement; sans cet accident il y a bien des années que j'aurais tiré de ce manuscrit dix livres parisis peut-être; mais je vous le donnerai pour vingt sous tournois. »

Les dix livres parisis, Ursule les eût données de bon cœur pour ravoir le saint livre. Elle paya donc au marchand ce qu'il demandait; et, reprenant le chemin de leur auberge : « Quel beau jour! disait-elle à Thierry; Dieu envoie à la France une libératrice, à nous un orphelin à recueillir, à Médéric et à moi il rend le manuscrit de messire Anselme! »

Ursule répétait avec joie ces paroles au moment où ils mettaient le pied sur le seuil de leur auberge, et elle allait sans doute expliquer à son mari un projet de surprise qu'elle venait de concevoir, lorsqu'une lettre de Barby, qu'elle s'empressa d'ouvrir, lui arracha un cri de douleur.

« Quoi donc? qu'y a-t-il, Ursule? dit Thierry épouvanté.

— Messire Gerson! ô mon Dieu!... Vois, Thierry, vois! » Et elle se laissa tomber plutôt qu'elle ne s'assit sur le premier siège qu'elle trouva en rentrant dans sa chambre.

La lettre fatale était adressée par Médéric à messire Anselme, et celui-ci avait chargé Marie d'annoncer à Ursule une bien triste nouvelle. Thierry lut donc à voix basse, et lorsqu'il eut fini il se rapprocha de sa femme, qui était là toujours la tête penchée, les mains tremblantes et glacées; il les étreignit dans les siennes.

« Ursule! Ursule! reviens à toi, je t'en prie! C'est un grand malheur sans doute; mais s'il y a deuil sur la terre, il y a fête au ciel. Console-toi en te rappelant combien fut belle la vie de ce saint et grand homme, console-toi en apprenant combien sa mort fut belle aussi. Écoute ton frère parler de ses derniers jours et de son heure suprême. » Alors tenant les mains d'Ursule dans une des siennes, et de l'autre reprenant la lettre de Médéric :

« Oui, depuis longtemps il montait au
« ciel. Ses pensées, son style, ses œuvres,
« tout grandissait à mesure qu'il s'appro-
« chait de Dieu; sa charité était sans cesse
« plus ardente, et tout pauvre qu'il était
« il avait fondé pour les pauvres un anni-
« versaire de pain et de vin. Chose remar-
« quable! plus il s'élevait vers Dieu, plus il
« était humble, plus il descendait avec joie
« vers les petits enfants. Dans sa cellule, il
« leur apprenait à lire, à écrire, à balbutier
« le latin; devant l'autel, il leur enseignait
« à prier, à aimer, à adorer Dieu. Tout à
« l'heure maître d'école, lui qui dirigea
« toute l'université, il était à présent simple
« catéchiste, et demandait pour tout salaire
« à ses petits élèves une prière pour lui,

« une prière à Dieu *pour son pauvre ser-*
« *viteur Jean Gerson.* Telle était l'oraison
« qu'il leur faisait chaque jour prononcer les
« mains jointes; telle fut celle que d'une
« voix ferme il leur dicta, le 11 juillet, la
« veille de sa mort.

« Ce soir-là, après les leçons habituelles,
« il les réunit dans l'église Saint-Paul,
« presque obscure à cette heure. Alors, de-
« bout au milieu de nous, plus éloquent,
« plus inspiré que jamais, il nous parla du
« ciel comme un homme qui en approche,
« puis, s'appuyant sur mon bras, il alla
« fermer les portes de l'église pour être
« bien seul avec nous, et revint baiser au
« front les enfants comme à l'heure d'un
« adieu. « Mes amis, leur dit-il, priez pour
« moi, oh ! priez bien pour moi ! » Et les
« enfants, comme s'ils sentaient qu'ils
« étaient les solennels organes d'un mou-
« rant, murmurèrent d'une voix émue et
« éteinte : « Mon Dieu ! mon Créateur ! ayez
« pitié de votre pauvre serviteur Gerson ! »

Ursule, en entendant ces derniers mots,
fondit encore en larmes ; son mari, de son
côté, n'avait pu lire sans essuyer souvent ses
yeux, et l'un et l'autre, muets et se regardant tristement, embrassèrent à la fois leur

petit Marcel comme pour se consoler. Alors Thierry, voyant Ursule plus calme, lui termina la lettre, par laquelle Médéric annonçait son retour immédiat au pays, où il souhaitait obtenir une humble cure de village. Il ne formait pas d'autre vœu.

« C'est aujourd'hui le 20 juillet, répondit Ursule ; il doit donc être de retour ou sur le point de rentrer à la maison. Il faut que je me hâte de préparer la surprise que je veux lui faire…, tu sais ?… et nous partirons sur-le-champ, n'est-ce pas, Thierry ? »

Le calcul d'Ursule était juste, et le jour même où elle parlait ainsi Médéric arrivait au hameau, bien joyeux, autant du moins que le lui permettait la position de son âme, bien joyeux de revoir après quinze ans son aïeule, sa mère, messire Anselme, son verdoyant pays, et de faire connaissance avec les enfants de sa sœur.

Un jour qu'il était à les entretenir de choses tout à la fois amusantes et instructives, car il avait appris de Gerson à se faire enfant avec les enfants, tous lui échappèrent d'une seule volée pour courir sur le seuil de la porte. C'est qu'ils avaient entendu une voix chérie, et cette voix leur dit bientôt avec amour : « Tenez, mes enfants, voici un petit frère que Dieu vous donne : c'est votre frère Marcel. »

On voit qu'Ursule était de retour avec Thierry, et après avoir déposé son petit Marcel sur le berceau de son dernier né, elle se jeta au cou de Marie, de la Guyote, de Médéric, de messire Anselme, sans dire un mot de la douloureuse perte qui les accablait tous ; mais ces embrassements, où les pleurs de douleur se mêlaient aux pleurs de joie, avaient une éloquence au-dessus de toute parole. Pendant cette scène silencieuse, les trois enfants, réunis autour du berceau dont le petit Marcel avait pris possession tout aussitôt en s'y endormant du plus angélique sommeil, se montraient avec de bons sourires leur nouveau frère. Messire Anselme, du fond de son grand fauteuil, ne le regardait pas avec moins d'attention ; le nom de Marcel, qu'Ursule avait prononcé en le présentant à ses enfants, l'avait vivement frappé. Médéric était sous la même impression.

Ursule s'en aperçut bien, et d'ailleurs elle avait tant d'envie de parler de Marcel ! Alors elle raconta au vénérable pasteur, à son frère, la scène de Notre-Dame, et messire Anselme admira dans le silence comment se montrait ici le doigt d'une Providence réparatrice.

« Et ce ne sera pas la seule surprise que je vous rapporte de Paris, » reprit Ursule; et alors il eût fallu entendre les cris d'étonnement, de ravissement en quelque sorte, que poussa le vénérable vieillard en ouvrant son cher manuscrit, le monument de ses jeunes années, en voyant la splendide enluminure du titre étinceler au soleil. « Par quel bonheur est-il donc retrouvé? demanda Médéric à sa sœur.

— Que nous importe, répliqua Anselme, de quelle manière Dieu nous envoie le bien?» Et il se mit à feuilleter d'une main dont l'émotion redoublait le tremblement ce cher livre qu'il écrivit jadis du caractère le plus beau et orna des plus suaves couleurs. Oui, c'était toute sa jeunesse qu'il retrouvait là, et pour compléter l'illusion Marie, la Guyote, Thierry, Ursule et surtout les trois enfants se pressaient autour de lui pour regarder les enluminures; c'était comme il y avait soixante ans, certain soir de l'année 1369.

Tout le monde était bien attentif. Médéric surtout, qui retrouvait ce monument qu'il croyait perdu pour toujours; mais leur attention n'était rien auprès de l'émotion que laissait apercevoir Ursule à mesure que messire Anselme passait lentement d'enluminure en enluminure. Tout à coup il s'arrêta en poussant un cri de stupeur ; Médéric le répéta.

« Que vois-je ? — est-il possible ? — est-ce un miracle ! »

Il semblait, en effet, que ce fût un miracle. Là même où autrefois il n'y avait plus qu'un fragment de feuillet portant l'inscription de l'image où Jésus appelait les enfants à lui, et cette autre inscription tracée par messire Anselme : *L'enfant qui outrage sa mère et insulte à l'image de Dieu, quelle sera sa vie et sa mort ?* là même était une enluminure fraîche, éblouissante, telle que Gerson et messire Anselme l'avaient tant de fois dépeinte à Ursule avec la vivacité d'un souvenir d'enfance, d'un souvenir à la fois cher et douloureux.

Ursule était radieuse en voyant leur ébahissement et l'attention avec laquelle Anselme et Médéric examinaient son travail. « Je vois, je vois, Ursule, lui dit enfin Anselme : à ce qui restait du feuillet vous avez habilement collé un morceau de vélin sur lequel vous avez peint cette image à merveille.

— Mais, Messire, dit Médéric, l'inscription : *Laissez les petits enfants venir à moi*, est bien de votre main.

— Je me serais bien gardée de la détruire. Je l'ai conservée avec respect, répondit Ursule.

— Et l'autre, ma sœur, celle qui était au-dessus... *Celui qui outrage*...

— O mon ami ! interrompit Ursule, ces mots étaient une malédiction contre le malheureux pour qui nous avons tant prié. Je les ai fait disparaître en étendant sur eux l'azur du ciel. »

Anselme leva les yeux et fit un geste d'approbation.

« Oui..., ces lignes sont cachées au point que l'on n'en voit point la trace, moins encore celle des larmes.

— C'est cet ange qui l'a effacée. » En disant ces mots messire Anselme montrait à la fois sur le manuscrit un ange planant dans l'air, au-dessus du berceau, et le petit Marcel, qui avait servi de modèle à cette gracieuse peinture.

La réparation était consommée ; on ne prononçait plus le nom de Marcel qu'avec joie et bonheur ; puis à huit jours de là messire Anselme installa Médéric comme son remplaçant dans la cure de Barby, et le frère, disputant à la sœur son enfant adoptif, voulut être pour Marcel ce qu'avait été pour lui-même le grand et vertueux Gerson.

**FIN**

# TABLE

| | |
|---|---:|
| Introduction de la première édition............ | 11 |
| Chapitre I. — La pomme............ | 15 |
| — II. — L'image............ | 23 |
| — III. — Le collège de Navarre............ | 32 |
| — IV. — Gerson............ | 44 |
| — V. — Les maillotins............ | 62 |
| — VI. — Un mariage............ | 71 |
| — VII. — La momerie des Ardents............ | 83 |
| — VIII. — Johannes Carlerius............ | 96 |
| — IX. — La Saint-Marcel............ | 108 |
| — X. — Le chancelier de l'Église et de l'université............ | 120 |
| — XI. — Les premières années............ | 135 |
| — XII. — La procession du recteur............ | 143 |
| — XIII. — Le frère et la sœur............ | 162 |
| — XIV. — Le 24 novembre 1407............ | 177 |
| — XV. — Pierre de Montaigu............ | 198 |
| — XVI. — Le ban et l'arrière-ban............ | 207 |
| — XVII. — Les voûtes de Notre-Dame............ | 214 |
| — XVIII. — Le chaperon blanc et les deux drapeaux............ | 229 |
| — XIX. — L'inscription sur la muraille............ | 251 |
| — XX. — La fin du concile............ | 263 |
| — XXI. — L'enfant trouvé et le manuscrit aux enluminures............ | 272 |

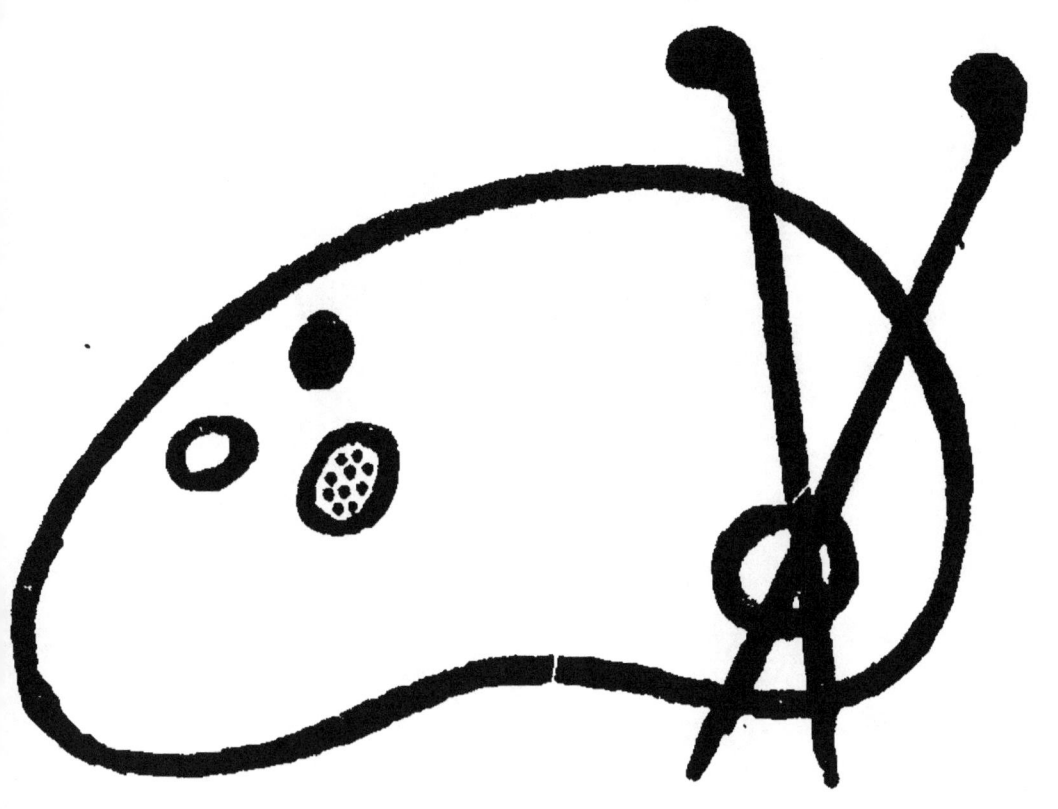

Original en couleur
NF Z 43-120-8

www.ingramcontent.com/pod-product-compliance
Lightning Source LLC
Chambersburg PA
CBHW070822170426
43200CB00007B/868